人見知りでもセレンディピティ

身近な奇跡が爆増する20のルール

セレンディピティコンサルタント
ZAS株式会社代表
林　勝明

飛鳥新社

はじめに

セレンディピティに出会うには「コツ」がある

突然ですが、あなたは人見知りすることがありますか？

「アウェイな飲み会はちょっと気が引ける」

「初対面の人に何を話していいか分からない」

そんな人は実は多いのではないでしょうか？

もちろん個人差はありますが、アウェイな状

況で新しい人と会うことは何かしらのストレスになります。
本当なら気心知れた家族や仲間だけで過ごすのが一番楽かもしれません。

けれども、よく思い返してみてください。
あなたの唯一無二の親友、交際相手、かけがえのないビジネスパートナー――そんな彼らとはそもそも最初にどう出会ったのか？
「たまたま○○で知り合って……」というケースも多いのが事実です。

「たまたま行きつけの飲み屋で隣になって」

「旅先でたまたま出会って話が弾んで」

最近では、

「たまたまスマホゲームで一緒に戦って」

から発展して恋愛関係にまでなるようなことも実は結構生まれています。
あなたにとって重要な人ほど実は頑張って探したわけではなく、たまたま出会い、気づいたら重要な存在になっているということが時にあります。

このような**「ふとした偶然をきっかけに人生が変わるような幸運を得ること」は「セレンディピティ」と呼ばれたりもします。**

学校生活に馴染《なじ》もうとしてもなかなか友達ができない、
婚活や就活をめちゃめちゃ頑張ってもなかなか成果が出ない、
そんな悶々《もんもん》とした日常に、こうしたセレンディピティが突然舞い込んでくることが稀《まれ》にあります。

これは本当にただの偶然でしょうか？
それとも、風水とか引き寄せの法則とか神様からのプレゼントとか、そういうスピリチュアル系の話でしょうか？

理由はどうあれ、もしこんなことが頻繁に起きるなら最高ですよね。


結論から言うと、**セレンディピティは誰にでも起こります。**

実はセレンディピティに出会うには**再現可能な簡単なコツがあるのです。**

この本ではそのコツを、誰でも実践できるようなやり方で解説しています。


たとえば、普段の返事をちょっとだけ変えてみる。

少しだけいつもと違う道を歩いてみる。日頃の不満をネタにしてみる。

そういう簡単なコツで、「**気づいたら素敵な偶然がよく起きている！**」という感覚を味わうことができるようになります。


たとえば、「飛行機でたまたま隣り合った人と結婚しました！」というロマンチックな話を都市伝説的に聞いたことがある人もいるかもしれません。

でも、多くの人は「自分にはそんなこと起きるわけない」と思うことでしょう。

けれどもたとえば、飛行機で隣り合わせになった人に一言だけ、

「どちらまで行かれるんですか？」


と毎回挨拶がてら聞いてみるだけで、失うものは何もないのに、得られるものは想定外にたくさんあります。

旅先の隠れオススメ情報かもしれないですし、意外にも共通の知り合いがいるかもしれません。

ですが、そんなに気軽に話しかけるのは、初心者にとっては簡単ではありません。

でも大丈夫です！　世の中の8割の人間はある種の人見知りなのですから。

この本では、極度の人間嫌いと人見知りだった私が様々な機会で実際に試して、効果が高かった簡単なコツをできるだけたくさんシェアしたいと思っています。

シンクロニシティとセレンディピティの違い

その前に「セレンディピティ」という言葉は一見フワッとしていますので、一度分解してみましょう。

一般的には「**もともとは探していなかった、素晴らしいものを予想外に発見すること**」というような意味合いで世界中で使われています。

特に科学の分野では、うっかり実験ミスをしたことから新しいワクチン開発の鍵を見つけたというような話が多くあります。

自分に起きた出来事

	❶ 日常	❷ シンクロニシティ	❸ セレンディピティ
気がつく	?	○	○
想定外が起きる	?	◎	○
人生が好転する	?	?	○
準備しておける	?	?	○

自分に起きる様々な出来事の中で、何がセレンディピティと言えるのか表で簡単に説明します。

❶日常

まず、あなたとすれ違った人、コンビニの店員さん、今日の天気など何でもいいですが、あなたの周りで起きたことや会った人すべてを❶としましょう。

自分の注意を向けなければ気づかないものがほとんどかもしれません。

たとえば日常においても感染症や地震など予想もできない出来事は時に起こりますが、不幸なことになってしまう人もいれば、そこから新たな事業を始めたりとポジティブに動く人もいます。

なので、気がつく、想定外が起きる、人生が好転する、準備しておける、各項目とも〝?〟(人によって変わる)です。

❷シンクロニシティ

シンクロニシティ（共時性）はセレンディピティと並んで使われることもある概念です。ざっくり言うと「驚くべき偶然の一致」ということです。

たとえば「昨晩夢に出てきた学生時代の恋人と道でばったり出くわした！」とか「宝くじの当たり番号の配列が自分の誕生日と一致した！」というような事例です。

これについて「すごい巡り合わせ〜！」とスピリチュアル的な受け取り方をする人もいれば、数学者のようにクールに「一定の確率では起こり得ることなので何の不思議でもない」と言う人もいます。

これによって人生が好転することもあれば、ただただビックリした！で終わることもあります。予測できない事態なので、それに対して自分が準備できることはありません。

❸セレンディピティ

セレンディピティとは、シンクロニシティほどの偶然とまではいかなくても、その偶然から役に立つ意味を見出《みいだ》したり、それをいい機会と捉えられる気づきと言えます。

たとえば、シンクロニシティ的に学生時代の恋人と道でばったり出くわしたとしても、何もしなければただ「ビックリした」で終わってしまいます。

けれども、これをきっかけに久々の同窓会でも企画してみたらどうなるでしょう。元恋人と人生のタイミングも同じでちゃっかりヨリを戻し、結婚することになったら素敵なセレンディピティと言えますよね。

これは普段からゆるいつながりの活《い》かし方を心得ていた（準備しておける）からこそ起きることです。

このように、偉大な科学の発見などでなくても、日常のちょっとした機会からセレンディピティが生まれ、それによって人生がガラリと変わることがあります。

セレンディピティで激変した私の人生

少し自己紹介をさせてください。

私が生まれたのは、世の中の一般の価値観からはちょっとズレた某新興宗教の家庭でした。

小学生の頃から街頭での宗教勧誘に駆り出されたり、日曜の朝5時から経典の暗唱、同じ宗教以外での婚前恋愛は絶対禁止（結婚相手は教祖様が選ぶ）、破ると人間失格の烙印《らくいん》を押され、さらに先祖代々すべてに迷惑をかけることになる――というハードな教義の中で育ち、同級生にも家庭の事情は秘密のままで、物心ついた頃からオープンに心許せる友達は一人もいませんでした。

完全に内輪に囲い込まれた環境で、子供ながらに「自分の居場所はここじゃない」と感じながらもどうすればいいのか分かりませんでした。

仲良しの友達ってどうやったらつくれるんだろう？　どうやったらもっと楽な気持ち

で生きられるんだろう？　でも、生まれた時から叩《たた》き込まれてきた教義からは、なかなか逃げ出せません。

どんなに不満そうな顔を親にしても、自分の率直な感情はうまくはぐらかされて、教義が最優先されてしまう。こんな「**誰ともつながれなかった**」**違和感**が自分にとって、とても強い原動力でした。


結局、日本で馴染めなかった私は逃亡海外留学をして、孤独から逃れるために美女につられて極左の社会主義サークルに入ってみたり、寂しさ余ってキリスト教会の勧誘を受けてみたり……。それでも暗い性格はそのままで、さっぱり友達もできませんでした。

その後も、就職先とモテるための学歴欲しさに大学院に進学してみたり、自分の心の支えを見つけるためにだいぶ人間関係の迷子になり散らかしました。


就職活動もほぼ全滅していた中、たまたま話しかけた方がＧｏｏｇｌｅのリクルーターでその後上司になる方でした。

２００６年当時のＧｏｏｇｌｅは知名度がさほどあったわけではなく、まだ謎多き会社で私自身よく知りませんでしたが、そのご縁で入社できることになりました。

実はＧｏｏｇｌｅは、社内の交流やサークルがとても盛んな会社です。入社しても引き続き友達ゼロの私でしたが、アメリカ留学時代に少しだけかじったサルサダンスというペアダンスを社内の宴会芸として渋々ながら披露したところ予想外にウケ、先輩からの気まぐれ指示で「サルサ部」というゆるい社内サークルを創設することになりました。全然うまくもないのに……。

ですがこれがきっかけになって、先輩後輩問わず、社内で心を許せる仲間が爆発的に増え、人と人とのリアルなつながりが連鎖反応のように起き始めました。まさに社会人デビューです（笑）。

私が始めたサルサ部はその後、Ｇｏｏｇｌｅ社内だけでなく六本木ヒルズ内外に広がり、今ではご近所さん社員を含めると３００人ほどの規模になっています。

そしてサルサ部がひとつのきっかけとなって、六本木ヒルズに入居する企業の社員による部活動「ヒルズブ！」の創設にもつながりました。

「ヒルズブ！」では、「朝英語の会」「チャリ部」「グルメ部」「ビール部」など約60もの部活動が誕生して、**日夜何かしらのゆるい交流**が行われています。

そして私は今、10年勤めたＧｏｏｇｌｅを辞めて独立し、知らない人同士をつなぐコミュニケーションの場を設けて**「セレンディピティの確率を劇的に上げる」**そんなことを研究し、仕事にもしています。

具体的にどういったものかは後述しますが、あの人は何がメインの仕事かはよく分からないけれど何か楽しい企画をいつもしてくれる、林さんのイベントに行くと転職先や結婚相手がいつの間にか見つかるらしい、といったことで人づてに仲間が増えていきました。

転職サイトで全滅したのに最適な仕事をゲットした人。
家と会社の往復だけの毎日だったのに、友達が爆増しリア充になった人。
3年恋愛相手がいなかったけれども急に結婚相手が見つかった人。
ビジネスのヒントを得て独立し、サラリーマン時代の数倍の収入になった人。

私はあくまでその最初のきっかけを提供しただけにすぎませんが、ありがたいことに今では「**歩く縁結び神社**」とか「**出会いの聖地**」と言ってもらえるようなことも増えてきました。

✦セレンディピティの法則

こうして何千人という人たちの出会いのパターンを観察する中で、〝セレンディピティの法則〟というべきパターンが見えてきました。

セレンディピティ＝出会いの頻度×気づき

セレンディピティとは「出会いの頻度」と「気づき」、シンプルに考えるとこの２つの掛け算の結果です。

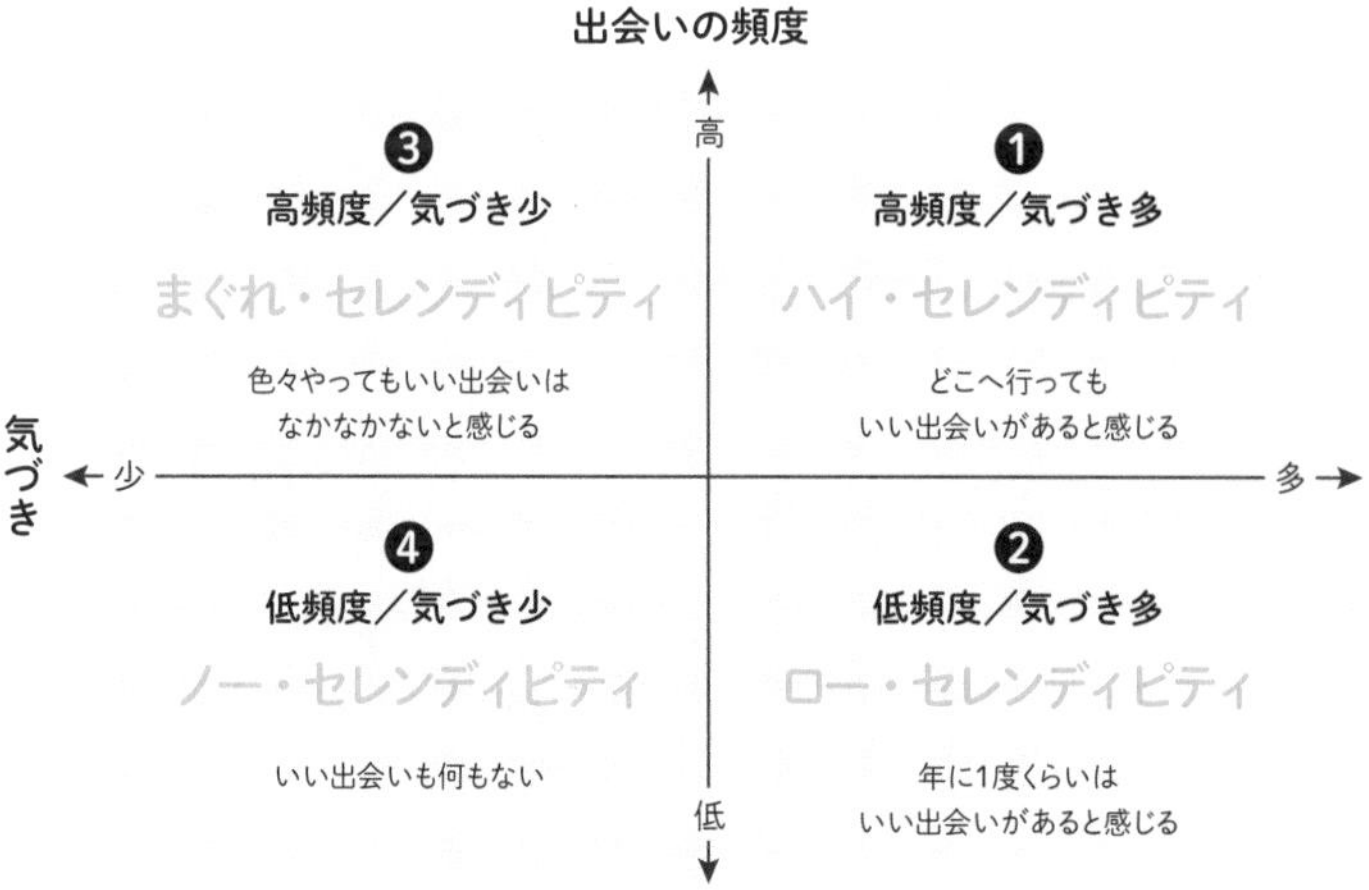

もう少しかみ砕くと上の図のイメージになります。

たとえ新しい出会い（チャンス）の頻度が多くても、ひとつひとつの機会で気づきがなければ活きてきません。

また、気づきの多い人でも、色々な場面に実際に触れる機会が減ってしまえば、その力も活かせません。

言ってしまえば簡単なことですが、実際に「出会いの頻度」と「気づき」を増やすことは人間の習性上とても難しいことです。

その実践部分をより手厚く具体的にサポートする本となればと思っています。

この本ではまず、本章に入る前に、0章としてセレンディピティのコツを理解するために重要な5つの理論をご紹介します。

そして第1章では、「出会いの頻度」を無理なく自然に増やすためのコツについて解説します。

第2章では、「気づき」を増やすコツについて解説します。また、オンライン上でのセレンディピティの可能性についても見ていきます。

第3章は実践編です。レベル1からレベル10までステップアップ形式で、初心者でも段階的に「出会いの頻度」と「気づき」を増やしていく方法をご紹介します。

第4章は、「時間が取れず新しい出会いの機会がない」「いい出会いに巡り合えない」といったよくあるみなさんの悩みに、Q&A形式でお答えしていきます。

第5章は、セレンディピティがあふれる近未来を物語形式で書いてみました。人と人とがより心地よく、簡単につながることができる近未来とはいったいどんな世界なのか、ワクワクするようなその未来像を一緒に見ていきましょう。

セレンディピティという概念はまだまだ曖昧で、業種や業界によっても捉えられ方が異なります。けれども、突き詰めると、**人類の発展と切り離すことのできないシンプルで重要な法則**です。

１００年以上前に中国の麺文化が日本人と出会い、今のラーメンとなって世界中に広がったり、ゴッホが日本の浮世絵の熱心なコレクターで影響を受けたというような話は有名です。

全く異なる人や文化が予想外に混ざることで世の中には素晴らしいものがどんどん生まれ、美しいものや美味《おい》しいものが増え、幸せな瞬間が増えていく。

セレンディピティとは、そんな素敵な現象を生み出す原動力だと思っています。

本書を通じて、私自身の経験や、最新のリサーチや研究成果、また尊敬する知人友人から得た知見を少しでも多くの方と共有し、楽しく生きるヒントにしてもらえたら、そして人生が変わるようなセレンディピティを体感してもらえたら、著者としてこれ以上の幸いはありません。

第2章 ゆるさが「気づき」を増やす

第3章

第0章

セレンディピティにまつわる「なるほど理論」

本章に入る前に少しだけ、セレンディピティ的に重要な理論を紹介します。これを頭の隅に置いておくだけでも、セレンディピティのコツが理解しやすくなります。最初はちょっとよく分からなくても、読み飛ばすくらいで大丈夫です。

「孤独は結局コスパ悪い」理論 1

◆一言で

信頼できる人が1人でもそばにいると、険しい坂道も実際よりなだらかに感じる。

◆セレンディピティポイント

新しい人に出会う時に1人でも仲間がいると、精神的なストレスが減り楽観的になれる。ストレスが減った分だけ余裕が生まれ気づきが増える。

〈出典〉

ヴァージニア大学のデニス・R・プロフィット教授が行った「坂の傾斜の知覚の研究」より。同じ坂道を目の前にして、被験者1人の場合と、友人と一緒の被験者の場合で、坂道の傾斜の知覚を分析。1人の場合は坂道は実際の角度より険しく感じるが、友人と一緒だと実際より緩やかに感じることが分かった。

また、オックスフォード大学の心理学の研究でも、集団で似た動きをすると通常よりも痛みの感覚を感じにくくなることが分かった。

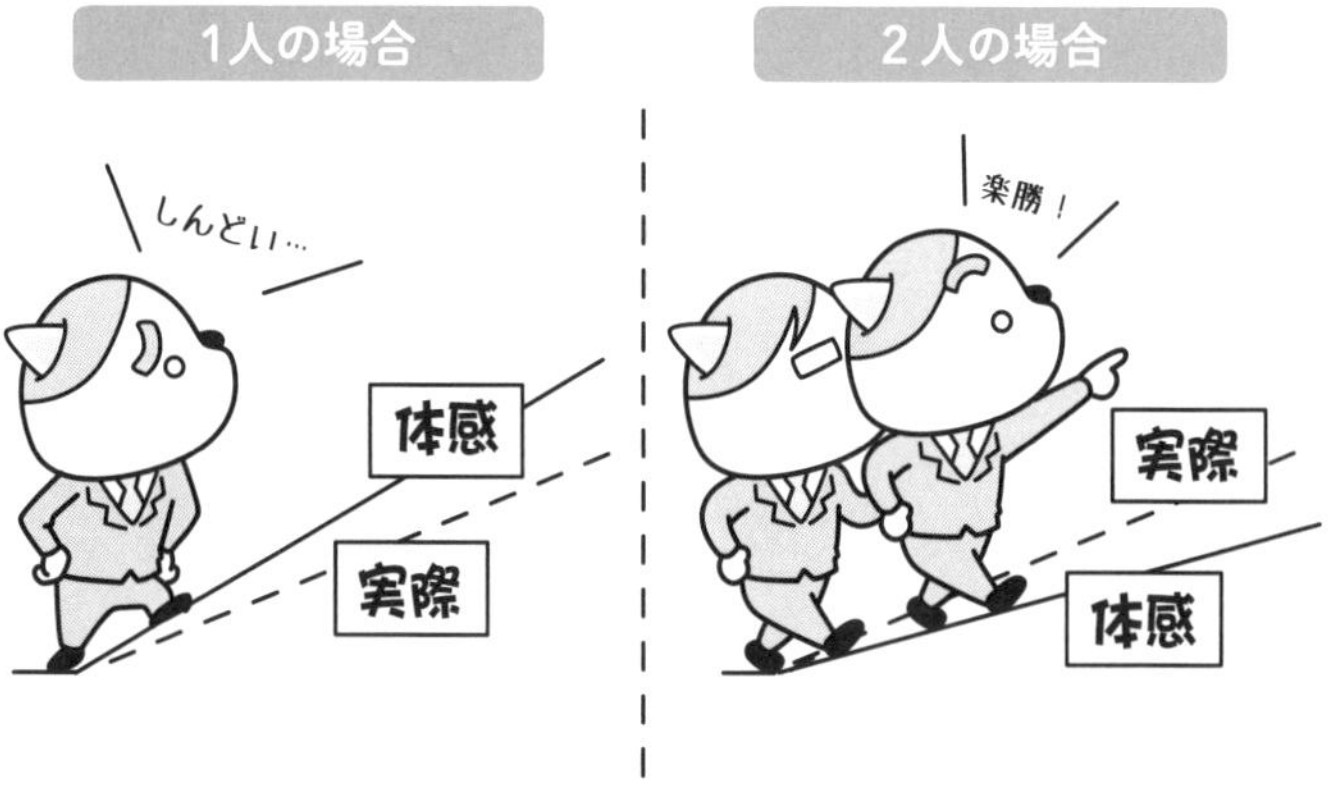

「結局はコネが大正解」理論

2

◆一言で

競争の多い出会いよりも、結局は人のコネが一番よい。

◆セレンディピティポイント

正規のルート（たとえば人気企業の採用情報）は誰でもアクセスできるのでその分だけ競争率が高い。それよりも、ちょっとした知り合いや「知人の知人」のようなゆるいつながりをたどったほうが、より自分にマッチした環境が見つかる確率が高い。

〈出典〉
米国の社会学者マーク・S・グラノヴェター教授の論文「弱い紐帯《ちゅうたい》の強さ」より。

また、Googleやメルカリなど最先端のテクノロジー企業では、社員の直接の知り合いを人事に推薦・紹介し、最初のステップをいくつか飛ばして選考を進める「リファラル採用」を積極的に行っている。正規ルートで採用された人よりも、こうして社員のフィルターを経て採用された人のほうが、定着率が高いと言われる。

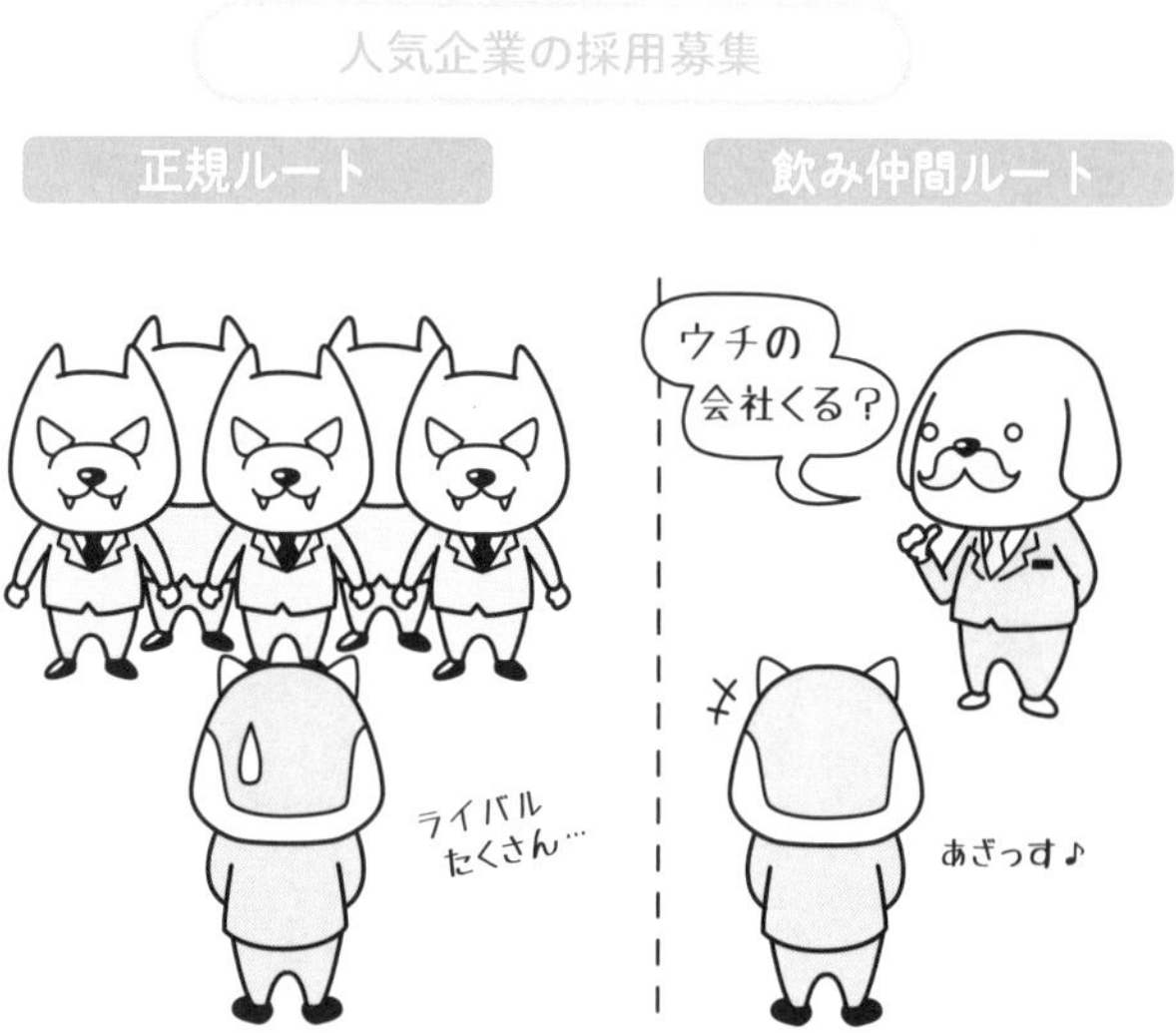
人気企業の採用募集
正規ルート
飲み仲間ルート
ウチの会社くる？
ライバルたくさん…
あざっす♪

3

「出会おうと思わないほうが出会える」理論

◆一言で

婚活パーティーなどで頑張って新しい人に会うより、サークルや習い事のように定期的に人に会う場のほうが効果的。

◆セレンディピティポイント

出会いや人脈を目的として会うと、相手への期待がお互い高くなる。反対に、学校や会社などのコミュニティはそもそも出会いを意識していない分、プラスになる要素が増える。また、会う回数が増えるほど親近感が生まれる。

〈出典〉

米国の社会心理学者ロバート・B・ザイアンスが提唱した「ザイアンスの法則」より。初印象では関心をもっていなかった人でも、ある程度の接触回数を重ねていくうちに慣れてくる、あるいは好きになることが実験により示唆されている。

また近年の研究で、この現象は特定個人に限らず、「黒人」「白人」のような人種や、「オタクっぽい人」などのカテゴリー認識でも関連性（会う回数が多いほど親近感が生まれる）が見られている。

4 「環境次第で人見知りがなくなる」理論

◆一言で

人間は安心できる環境じゃないと、そもそも社交的になれない生き物である。

◆セレンディピティポイント

人間は環境次第で社交性が芽生える。たとえば低めのボーカルが入った音楽や、柔らかいソファーがあるだけでも安全を感じ始め、他者と交流する神経システムが働き出す。

〈出典〉

米国の神経科学者ステファン・W・ポージェス博士の「ポリヴェーガル理論」より。哺乳類は「環境的な安全」がまず一番に重要な要素である。この「環境的な安全」を感じられないと、他人と交流するシステムが働かない。逆に安全がないと「逃げる」か「戦う」または「シャットダウン」モードになる。

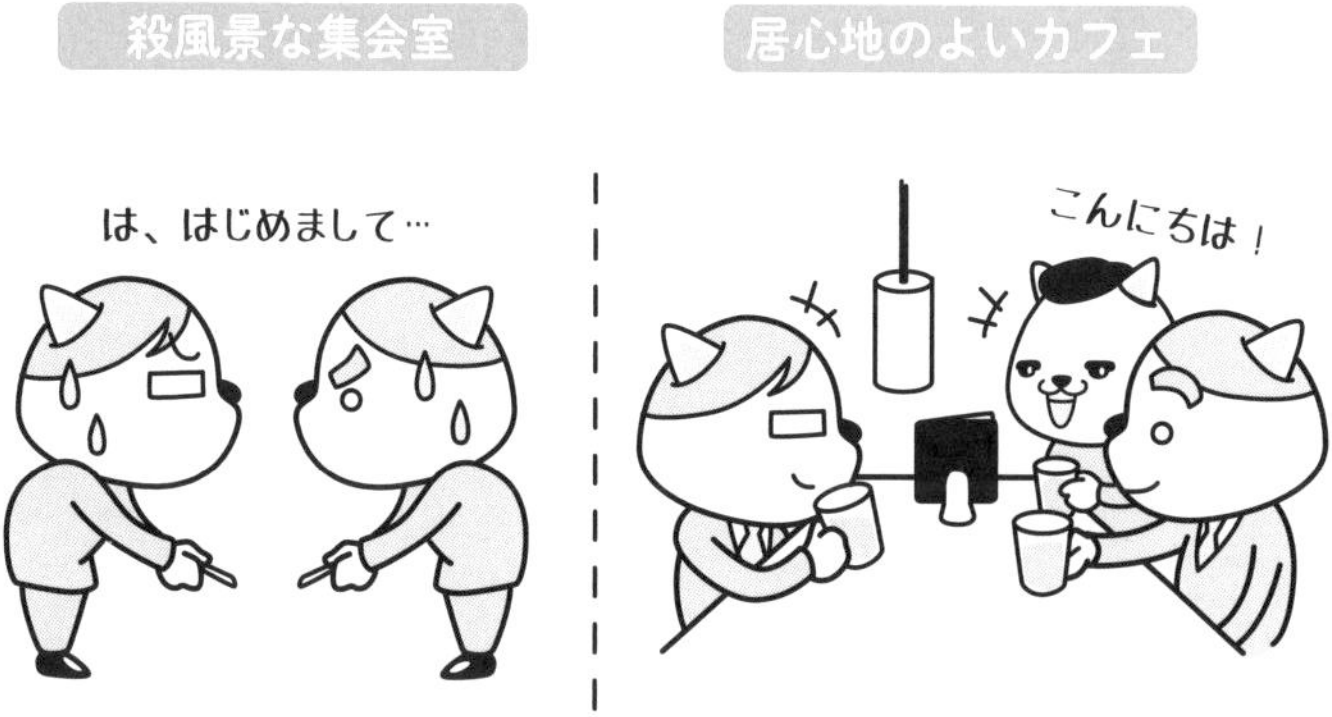

5 「寄り道は幸せの始まり」理論

◆一言で

家と職場の往復だけより、たくさん寄り道したほうが幸福度が高いと感じる。

◆セレンディピティポイント

脳にとって移動は快楽。ちょっとした寄り道や、いつもとは一本違う道を通るだけでもポジティブな感情になり、感じる幸福度はより高くなる。

〈出典〉

マイアミ大学のアーロン・ヘラー博士らによる研究より。人間の脳は「多様性や新規性のある移動」を検知すると喜びや幸福感を生み出す。また、移動によって幸福を感じ、幸福を感じていればさらに移動が増える。そしてより一層の幸福感を得るという正のスパイラルが起きることも分かった。

これは主観的な感覚だけでなく、脳の活動分析からも見てとれる。

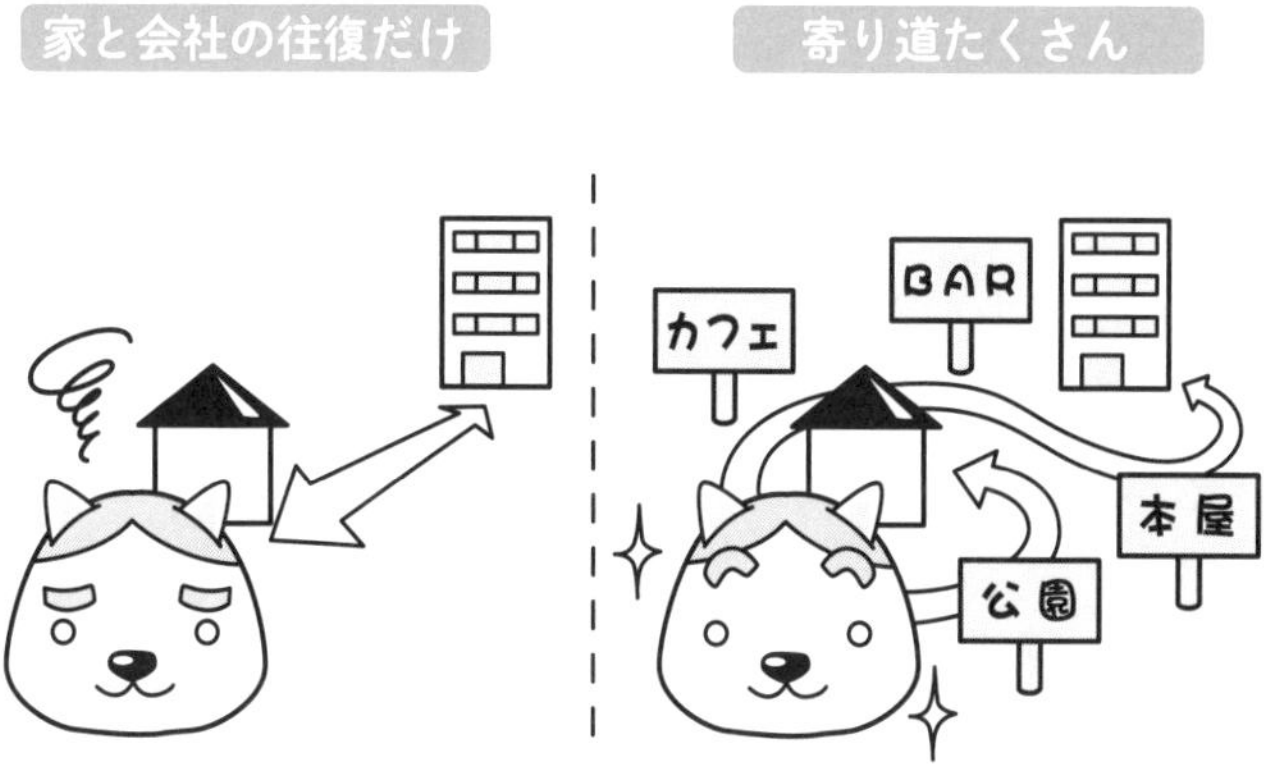

第1章

「出会いの頻度」を楽に高める

みんな新しい人との出会いは気が重い

「はじめに」でも説明しましたが、セレンディピティは「出会いの頻度」と「気づき」の掛け算によってもたらされます。
この章ではまず、「出会いの頻度」をどうやって高めるかについて解説していきます。

いきなりですが、まず大前提として理解してほしいことがあります。
出会いの頻度を高めるのはそもそもとても難しいことなのです。

それは、人間は基本的に「人見知り」だからです。

知らない人がたくさんいたら気まずいな。自分はここに受け入れられるのだろうか。
何だかキラキラした人ばかりで馴染めなかったらどうしよう。
そんな不安は意外にもたくさんの人が感じているようです。

たとえ社会的なステータスがそれなりにある人や、一見社交的に思える人でも、実はそういった不安や疲れを感じやすく敏感なことも多いのです。

自分の経歴を盛りすぎても気恥ずかしいし、相手を萎縮させてしまうかもしれない。話を盛り上げようにも滑りたくない……などなど、悩みは尽きません。

これは、今ではだいぶ普及してきた感もあるオンライン飲み会でも同じです。

たとえ自分の部屋から参加できて、クリックひとつで退出できるとしても、やはり全く新しい人との出会いは緊張する人がほとんどです。

新しい出会いが一生ものの友情や愛情に変わる可能性があると分かっていたとしても、最初はイマイチ気乗りしない、むしろ不安すら感じるその原因はどこにあるのでしょうか。

それは、**人間の「本能的な習性」が大きい**とされています。

どういうことか詳しく見てみましょう。

✦「人見知り」が実は8割

人類は数百万年の間、猿山の〝サル〟のように数十人単位の小さな集団の中だけで生きてきました。周囲には家族か顔見知りしかいません。

家族や友人のように見知った相手との仲さえ深めればよく、全くのよそ者と交流することは滅多にないので、それ以外のコミュニケーションは基本的に不要だったのです。

よそ者は食料や住まいを奪いにくる外敵かもしれず、警戒してしまう。そうやって数百万年もの間、人類は続いてきたのです。

つまり、**私たちの本能には、そもそも外向きなコミュニケーション力が備わっていません。**私たちの脳や神経感覚が、見知らぬ他人と人間関係をつくれるようにうまく設計されていないのです。

逆に、初対面同士が集まる場が自分では得意だと思っていて、延々と長話をするような人もある意味同じことかもしれません。

これもある種の警戒心から、自分をその場で認めさせるために、ついつい話しすぎてしまうという心理状態によるものです。

本当の意味でこういった社交が上手な人は少数派なので、自分だけが苦手だと思いすぎないことです。

試しに周りの人たちにも一度聞いてみてください。日本で育った人であれば私の肌感覚で、まず5割は〝自称人見知り〟、さらに3割は〝状況により人見知り〟という人だと思います。

ちなみに〝状況により人見知り〟とは、**「環境次第で人見知りがなくなる」理論**（32ページ参照）でも説明しましたが、その場の環境次第で人見知

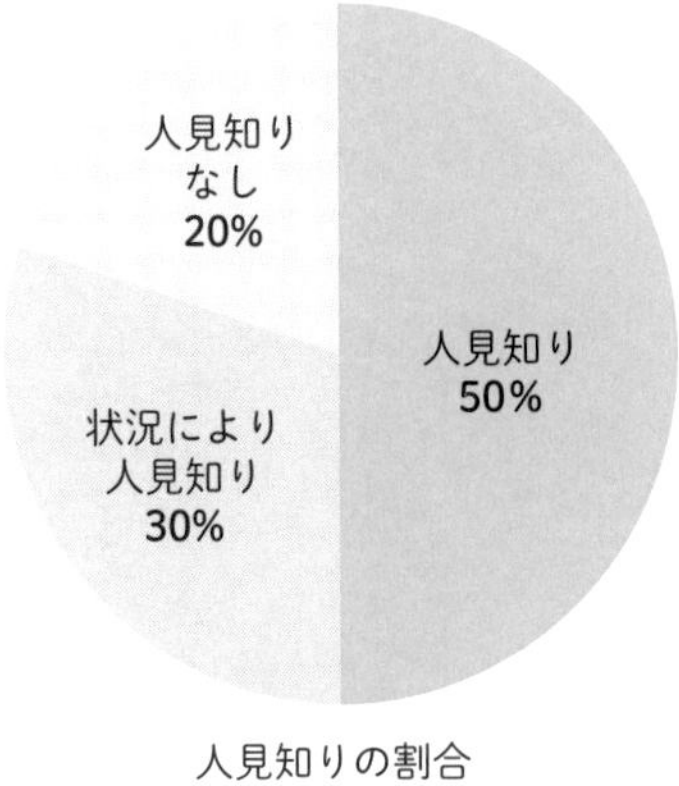

人見知りの割合

りにも社交的にも変わる人のことです。

アメリカで5000人を対象にした調査でも、約8割の人が「シャイ」、つまり対人関係の不安や不便（口数が減る、視線を合わせられない、わざとらしい作り笑いをしてしまうなど）を感じたことがあると答えています。

社交的な人が多いイメージがあるアメリカでもそうだというのは少し意外ですよね。

つまり、

人見知りが8割。

そう思ってお互い一歩歩み寄って接することで、驚くほど相手に感謝されますし、自分の心も楽になります。

「どうせ相手も人見知りだろうから、このままだと結局何も始まらない。私から話しかけてみるか」という感じです。

人見知りの人間同士だからこそ、何かしらのコミュニケーションのきっかけがつくれたらすぐに「驚き」「意外な発見」が見つかります。

「アイスブレイク」の重要性

さて、「人見知りが8割」だと分かったところで、初めての相手とどう話したらいい出会いになるでしょうか。

ポイントは、「アイスブレイク」があるか・ないかです。

アイスブレイクとは直訳すると「氷を壊す」です。

つまり、知らない人同士を覆っている硬くて冷たい氷を壊すということです。

これは社交的な社会というイメージのあるアメリカでも頻繁に使われる言葉なので、実は初対面が苦手、人見知りというのはやはり世界共通の現象なのでしょう。

アイスブレイクには一般的に次のようなものがあります。
たとえば、○○勉強会や結婚式の二次会で、MCが「隣の人と5分ほど話してみてください」と促すパターンです。

どうでしょう？　何もないよりはまだマシですが、相手と何を話していいのやら、そもそも変な人だったらどうしよう？と不安のほうが上回ることも多くなりますよね。
相手に不安や不信をもったまま、気軽に自分のことを話そうなんて誰も思わないですよね。

ネットワーキング系のイベントではよく「さあ、名刺交換を楽しんでください！」とMCが促《うなが》すアイスブレイクというか無茶振りもあります。

これもどうでしょう？　なんだか痛いですよね……。

これだとどうしても仕事の話限定になってしまい、社名や肩書きなどでマウンティングや先入観が生まれます。
そして対等かつ気楽に話すということがなかなかしづらくなります。

では、どういうアイスブレイクが有効でしょうか？
私の経験上、どんな国や年齢の人とでも効果的だったのは次のパターンです。

①明確な手順がある。
②話しやすいテーマにする。

たとえば、

「まだ話したことない人同士で4人組になって、昨日食べた晩ご飯について話してください」

とＭＣが言えば、人見知り問題の第一段階は解決します。

だいたいの人間は受け身であるほうが楽なので、MCから4人組になれと言われたら従いますし、完全な一対一よりは気が楽です。

自由に相手を探せと言われたら遠慮してあぶれてしまう人も、これだと自然に4人組に吸収されていきます。これが明確な手順です。

また、話題をある程度指定されると不要なマウンティング合戦や、何を話したらいいかという迷いが発生せず、圧倒的に気が楽になります。

名物テレビ企画「突撃！隣の晩ごはん」もそうですが、ご飯の話題は安全なネタの割に意外に個性が出て、予想外な話がどんどん出てくるものです。

晩御飯は
カップラーメンでした
えっ!?
意外ですね

一見おしゃれで意識高そうな女子がカップラーメンを食べていたり、何の趣味もなさ

そうな真面目そうな男性が「夜はスイーツしか食べません」という意外な一面をもっていたりと、一気に多面的に見えてきます。

誰しも同じ人間なんだという妙な安心感もつくりだせるのです。これが話しやすいテーマです。

細かいポイントですが、ここで「好きな食べ物は？」と聞いてしまうと、ちょっと返答に迷ってしまう、もしくは長くなるので簡単なアイスブレイクには向きません。

要は単純な事実ベースのほうが、その人の飾らない素が出て話が盛り上がるのです。

これも出会いがしらの偏見や先入観をお互い極力少なくするテクニックのひとつです。

MCのような人がいなくても、初対面で怪しまれずにかつ、話が意外に広がるアイスブレイクのテーマには、たとえば次のようなものがあります。

「今日はどちらからいらっしゃいましたか？」

「どちらのご出身ですか？」

「今日いらっしゃったのはどうしてですか？」

ポイントは「事実ベース」でまず一言、ということです。

考えなくても何か一言で答えられることを聞いてあげると、相手も負担がなく最初の緊張がすぐにほぐれます。

逆にずっと一言もしゃべれていない状態が続いてしまうと、緊張がとれず、その場に集中できなくなります。

さりげないアイスブレイク応用編

さらに応用編で、何気ない日常の中で、ほどよい距離感で最初のきっかけをつくる一言も紹介しましょう。

たとえば、カフェで隣に座った人が頼んでいる飲み物が美味しそう。目の前にいる人が着ているTシャツのデザインが面白い。このようにちょっとでも自分の中で興味のアンテナが立ったとしましょう。

話しかけて変な人だと思われたらどうしよう。そっけなく無視されたらどうしよう。普通ならそんな心配もしてしまいますよね。

そんな時にもやはり「事実ベース」の一言質問は最強です。

「今飲まれているのは何ですか？（美味しそうですね）**」**
「そのメニュー何ですか？（頼みたいなと思って）**」**
「そのTシャツどこで買ったんですか？（すごくオシャレですね）**」**
「その眼鏡はどこで買ったんですか？（似合ってますね）**」**

など自分の目に見えるものについて、単純にいいと思ったものはそのまま聞いてみましょう。

相手にも前提として「自分が選んだものが褒められている」という感覚を与えること

ができます。

その人自身にではなく、その人が選んだものというところで、適切な距離感も保てます。

この一言から、相手に余裕があればちょっとした楽しい雑談に発展する可能性もあります。

このようなちょっとした一言だけですが、ほどよい距離感で行えばお互い安心できて「笑顔」が生まれます。

実はその笑顔が人間関係に及ぼす影響は重大です。

笑顔とアイスブレイクがまず超重要な科学的根拠

このようなアイスブレイクの重要性は研究でも証明されています。

米国の神経科学者ステファン・W・ポージェス博士が唱える「ポリヴェーガル理論」

によると、私たち哺乳類は生まれた時から「集団」に守られて暮らす必要があるため、「孤立」は生物的に絶対に避けなければいけない状況であるといいます。

そのために神経に「交流のためのシステム」が生まれ、自分の身が安全だと判定した時に、たとえば「笑顔」などのサインが表れて、お互い安心していい間柄だというサインを送り合うのです。

つまり、無理矢理にでもつくる笑顔が先ではなく、安全と思える環境が先で、そこで初めて笑顔が出てくるのが人間なのです。

そして一人が笑顔になるとそれが安全のサインとして、周りの人間も安心させます。

この研究の面白いところは、哺乳類はまず「環境的な安全」を感じられないと、「回復」「健康」「成長」といった次のステージに行くことができないということです。

安心できる環境というのは、気持ちの問題だけでなく、実際に生物として一番大切なことだと言えるでしょう。

新しい人と出会うような社交の場では、この「環境的な安全」がまず一番に重要な要素です。それがないままでは「成長」のためのモチベーションも湧かず、つまり、新しい人と何かを話したいというマインドになりません。

しかし、社交の場に限らず、本来は成長や回復の場であるはずの学校や職場、病院などでさえ、こういった基本的な「環境的な完全」が大事にされていると自信をもって言えるでしょうか？

従業員同士の挨拶も笑顔もなく、目も合わさないような職場はたくさんありますし、学校によっては仲間ハズレが出ないようにと、最初からお昼は各自一人で食べるというところまであります。

そんな環境で、知らない人と仲良くなれと言われたり、何か新しい発見をしろと言われても、それはまずもって哺乳類的に無理なことなのです。

安心できる場所の法則＝「それ何しばり？」

アイスブレイクの重要性については理解できたとしても、自分からその場をつくったり、うまくアイスブレイクを実践するにはまだ不安があるかもしれません。

そこでまずは「安心安全」な環境を見分けるコツを紹介します。

これが見分けられるようになれば、心理的負担が減って、出会いの頻度が自然に高まります。


私自身、これまで３００回以上、知らない人同士をつなぐコミュニケーションの実験をしてきましたが、その中で常に有効だったのは何かしらの「しばり」でした。

たとえば全く知らない人同士の集まりだったとしても、そこの参加者全員が「自分と同姓さん」とか「同い年」だとしたら、もう他人な気がしませんよね？

これはだいぶ極端な例ですが、つまりは**赤の他人同士なのに、「しばり」によって一**

瞬にして「内輪」にしてしまう方法です。

では「しばり」とは何か、詳しく見ていきましょう。

①誰しばり？

実際には「ここは◯◯しばりです」と書いていなくても、注意深く見てみると、しばりが自然にできている場所は意外に多くあります。たとえば、

・会員制◯◯

会員制バー、会員制サークル、会員制レストラン、一見さんお断り……など。会員制というのはもっとも分かりやすい形のしばりです。会員の紹介がないと入れなかったり、店主に認められないと通えません。

このようなフィルターがあるので、知らない人でも「ここに変な人は来ないだろう」という何かしらの安心感が生まれてきます。

・スポーツバー

ここにいる時点でスポーツが嫌いということはありません。スポーツ観戦が大好きで、喜びを分かち合いたいので点数が決まればハイタッチもするし、負けたらみんなで悲しみます。何の話をすればいいかなんて迷うことはありません。

・空港の待合室

搭乗前の待合室はみな同じ目的地に向かう人たちが集まっています。つまり行き先しばりです。観光、帰省、ビジネスなど目的は違えど、全く同じ時間に同じ便で、同じ目的地に向かおうとしている状況です。

出張などでよく飛行機に乗る人であれば、「何度か見たことある人だな」ということがきっと一度や二度はあったのではないでしょうか。

どうでしょう？　改めてそう考えてみると、日常の中にもなんだかドラマが生まれそうな気配がしませんか？

②しばりをつなぐ！

その場の「しばり」が見えてきたら、そのしばりを会話の中で「見える化」してあげるとセレンディピティが始まります。

たとえば、会員制のバーやクラブに入ったとしましょう。

出会いがしらに聞くことは簡単で、

「どなたのつながりで入られたんですか？」

でＯＫです。

そもそも〇〇さんの紹介で、という事実ベースがあるので自己紹介を盛る必要もないですし、すぐに答えられます。

同じ紹介者だったら、それこそセレンディピティ感ど真ん中ですよね？

相手の紹介者が知らない人でも、どういう人なのかお互い話すきっかけが生まれます。

このように共通点さえ見つかれば、ちょっとした内輪感、安心のつながりはすぐにつくることができるのです。

何も見えなかった赤の他人との間に「橋を架ける」ようなイメージです。

そうすることで、自分でも気づかないくらいに自然と人見知りのフィルターが消えていきます。

機内でたまたま隣の人と話すような機会になった時には、

「どちらまで行かれるんですか？」

がよいでしょう。

これも細かいプライベートを聞いていないですし、無難な問いかけですが、相手も話す余裕があれば詳細を話すオプションが生まれます。

もしかすると同じイベントや観光目的だったりするかもしれません。

無視されたり怒られる種類の質問でもないので自然です。

このように自分自身のセレンディピティアンテナを高めるには、「しばり」を見つける、「しばり」をつなぐ、ということに慣れていくことが大事です。

✦「しばり」をつくってみよう！

ここからは「しばり」の要素を盛り込んで私が企画したイベントの中から、反響のよかったものを実例としていくつかご紹介したいと思います。箸休めとして読んでみてください。

参加者しばりがあるだけでなく、自己紹介についても自然なしばりを設けて、参加者

〈SNS投稿〉

林 勝明
○月○日　○○:○○

ゆる募
KALDI よく行く人、好きな人、もしくは店員さんとお友達！
みたいな方いますか？

KALDI の商品だけで持ち寄りパーティーしてみようと友達と話しています！

同士のつながりがより見えやすい仕組みになっています。

実例①：カルディしばりのピクニック

参加者しばり：カルディが好きすぎる
自己紹介しばり：今日買ってきたカルディ商品

輸入食材やコーヒー関連商品を販売しているカルディは、全国に400店舗以上もあるそうです。お店に入るといつも陽気なサルサの音楽が流れていて、おしゃれな食材も多く扱っているのでなんとなく気になっていました。

そんな話を知人にしてみたところ、毎日通うくらいカルディが好き、カルディが近くにあるかどうかは引っ越し先選びでかなり重要、というくらい思い入れがある人も多かったのです。

これは面白いかもしれないと思い、Ｆａｃｅｂｏｏｋで投げかけてみたところ、瞬く間に数十件の熱いレスが来ました。

カルディには、パクチーポテトチップスなど少し珍しい商品や、高品質のココナッツミルクやドライマンゴーなどもたくさん売っているので、美味しいものに敏感な女性から特に人気のようです。

しかし、気になっている食材もあるけど、いつも迷って買いそびれてしまうことも多いとのこと。ならばまとめて楽しもうと、カルディしばりの持ち寄り企画をしたところ、10人ほどがすぐに集まりました。

食や美に気を使う素敵な女性の参加者も多く華やかな空間になり、ここから結婚したカップルまで生まれました。

〈SNS投稿〉

林 勝明
○月○日　○○:○○

ただ本をあげる会しませんか？

① 本が好きな人
② メルカリで売るのは面倒
③ 自分ではあまり選ばない本を知りたい

みたいに思った方？　平日の朝スタバにて、自分が読んだ本を１冊以上持ってきてください！　それを全部テーブルに並べて、欲しい本をいっせいのせで指差して持っていく会です。私のあげる本リストは写真にて。

実例②：ただ本をあげる会

参加者しばり：本を誰かにあげられる人

自己紹介しばり：自分が今日あげる本

本を買ったはいいけど積《つ》ん読《どく》になってしまっているものも多かったり、一度読んだ本をとっておいても、結局読み返すことがない状況にモヤモヤしたことはありませんか。

ブックオフに売ったら数十円、メルカリに出品しても利益は２００～

300円程度です。そんな中、たまたま読んだ『GIVE&TAKE「与える人」こそ成功する時代』という本がとてもいい内容だったので、その本について友人と話しているうちに、いっそのこと本を気前よくあげてしまう会をやってみたらどうだろう?という話になりました。

呼びかけたところ多くの賛同者が現れて、かつ本を他人にあげるマインドがある時点でケチ臭くない精神をもった人たちが集まります。

この会でも形式的な自己紹介など一切せずに、各自が持ってきた本をテーブルに広げ、「いっせいのせ!」で欲しい本を指差して、誰ともかぶらなかったらもらえる。かぶったら持ち主に一言、なぜ欲しいかを言うというゲーム性をもたせることで、和気あいあいとした会になりました。

私が結局一度も読まなかった『カレーな薬膳』という本をもらってくれた女性から、その後も「毎週これを見てつくってます!」と連絡が届くなど、ほっこりしたつながりが今も続いています。

〈SNS投稿〉

林 勝明
○月○日　○○:○○

💡ゆる募💡
① やむなき訳あって離婚した、ナイスな方
② 結婚履歴なんて気にしないぜ！なフリーの方
③ 上記、①と②をご存知の方？

こっそり教えて下さい！
何か役立つことを考え中です！

事例③：バツイチナイト

参加者しばり：離婚経験者、またはステータスを気にしない人
自己紹介しばり：ファイブ・ラブ・ランゲージテスト（米国のゲリー・チャップマンが考案した、自分が何に一番愛情を感じるかのテスト。1、ポジティブな言葉 2、一緒の時間 3、贈り物 4、スキンシップ 5、助ける行為）

友人たちとご飯を食べている時にふと話題にあがったのですが、その中の6人中3人が離婚経験者でした。それぞれ社交性もあるし友達も多い。けれども、いざ恋愛の場面にな

ると「バツイチです」と言うタイミングに少し困るという話でした。日本だと、離婚というのはまだマイナスイメージが強いかもしれません。

友人同士であれば背景を理解できますが、そうでもないと「結婚に失敗した人」という先入観をもたれてしまうこともあります。素敵な人たちなのにこれはもったいない。

そう思い先の募集をしたところ、思いがけず隠れ離婚経験者が出てくるわ出てくるわ。もうこの時点で、イベント的には人集めの心配がなくなりました。

実際、参加者のほとんどが離婚経験者になったので何も隠す必要はなく失敗談も盛り上がり、さらに性格や愛情診断などのコンテンツも交えたものにしたところ、とてもスムーズに会話が弾みました。

仕事でも言われるように、失敗にこそ学ぶべきものは多い、という概念が、結婚・離婚にももっと浸透してくるといいですよね。

また実際にこの会で、デートに発展した、飲み仲間ができたというご連絡も数多くいただきました。

出会いを自動化してさらに頻度を高めよう

さらに楽に頻度を高める方法をご紹介しましょう。

それは**「出会いの自動化」**です。

たとえば、なんの予定も決まっていない状態で、「今週誰かと遊ぼう！」と決めて行動することは、思考力と集中力を要するので体力を削られます。

これが毎週のように連続すると「決断疲れ」が起きてきます。

つまり、**なるべく「決断」しないで済むようになると、頻度を高める余力ができてきます。**

これは自分が参加者の立場でも、逆に主催側の立場でも同じです。

次の3つを意識すると「決断疲れ」は大幅に減少し、その場を楽しむ余裕が生まれます。

・ハードルを低く設定する。〈重い判断をしない、させない〉
・毎週あるものに乗っかる。〈あえて行くという判断をしない、させない〉
・無害な人が集まる場を探す、つくる。〈人柄の判断をしないで済む〉

イメージとしては、街のゴミ拾いボランティアのグループなどはちょうどよい例と言えます。

街のゴミ拾いをするくらいであれば、得意不得意もなくまず気軽に試せます。また、ボランティアなので基本的にお金もかからず、その場が気に入ったら無理なく参加頻度が高くなります。〈重い判断をしない、させない〉

毎週・毎月といった定期で活動しているグループは結構あるので、一度参加すれば習慣になりやすく、顔見知りも増えます。良くも悪くも人間の行動は習慣に支配されやすいので、いっそのことよい習慣に支配されてしまいましょう。〈あえて行くという判断をしない、させない〉

また、お掃除ボランティアは営利目的でなく善意の組織なので、誰かを騙してやろうなんていう人が集まる確率はだいぶ低くなります。好意の紹介つながりが多いため、安心できる場である可能性が高くなります。〈人柄の判断をしないで済む〉

ちなみに、ここで例に挙げたお掃除ボランティアの話が気になった方は、日本も含めた世界90ヵ所もの地域で活動をしているグリーンバードというNPOをチェックしてみてください。まさにこのような要素がふんだんに体現されている活動団体です。

セレンディピティを提供する側としてもこの3つを気にすると、より心地よく人がつながる空間をつくりだすことができます。

逆に資産運用セミナーや、ビジネス系交流会などという場は少し注意が必要です。運営側はだいたい何かに誘導しようという直接間接の狙いがありますし、それに惹かれて集まってくる人たちも、気持ちのモードが利他的というよりは利己的に「お金を増やしたい」「人脈を増やしたい」というゾーンに入っています。

たとえいつもは気さくないい人だったとしても、構造的にゆるくよいつながりが生まれるという雰囲気にはなりにくいものです。

これらがすべて悪ということは全くありませんが、「セレンディピティ」という観点ではあまり期待できません。

幸福を感じる頻度の目安「年間100時間」の法則

出会いの頻度をどうやって高めるかについてここまで話してきました。

では、具体的にはどれくらいの頻度で続けるのがいいのでしょうか。

目安は、「年間100時間」です。

これはペンシルベニア大学教授で組織心理学者のアダム・グラント氏が推奨する理論

で、年間１００時間くらいをボランティア活動や自分が純粋に好きなことに費やすと、幸福度が格段に上がるというデータがあります。

それより少なすぎても効果が実感しづらく、また、それを大きく超えてしまうと負担に感じたり、燃え尽きたりしてしまうのです。

これはつまり、週になおすと約２時間ほど。

週1程度で仲間同士が2時間くらい集うのがちょうどよく、幸福度が最大化し長続きするのです。

または月に１度、８時間くらいをまとめて行うというのもＯＫです。

この「週に１度、２時間」のメリットは、地味ながらも計り知れないものがあります。

参加する側の事情を考えると、スケジュール

が先に決まっているだけで意識を優先的に向けることができます。

「あ、金曜日だから街の掃除ボランティアの日だ」とか「毎月最終土曜日はビール部だったな」というような具合です。

定期の予定は脳裏に刷り込まれやすいのです。

このように習慣にすることで、簡単に頻度が高まります。

✦定期開催が難しい場合はオンライン開催を混ぜてもいい

また「週に1度、2時間」が難しい場合、週によってはZoomなどビデオ通話システムを使ってオンライン開催するという方法もあります。

これであれば自宅や会社からでも、小一時間だけ時間を確保すれば継続しやすくなります。

文字だけのコミュニケーションよりも、実際に「顔が見える」交流のほうが生物学的にも安心・安全を感じるといいます。

最初はビデオ通話に抵抗がある人でも、要は慣れの問題で、楽に参加できるメリットのほうが勝ってきます。

私の開く会でも、定年退職したようなメンバーもいて最初はＺｏｏｍの操作も一苦労でしたが、１ヵ月ほど経つと他のメンバーに教えられるようにもなってきます。

さらに面白いのは、オンラインから出会ったメンバーは、実際にリアルで会った時はまるで遠距離恋愛の恋人と再会したかのようなテンションになります。

いい関係性さえできれば、オンラインかオフラインかはあまり重要ではなくなってくるのです。


ちなみに、週に2時間というのはあくまで最終目標ですので、慣れるまでは週に1時間でも30分でもかまいません。リアルで会うとなると30分のためにわざわざ集まることはないですが、オンラインだとむしろ30分くらいの隙間時間のほうが、子育てで忙しい世帯でも参加できたりといいことも多いです。ぜひ試してみてください。

【1章のまとめ】

・人間は「人見知りが8割」。
・アイスブレイクの第一声は「事実ベース」でまず一言。
・人間は「環境的な完全」を感じないと社交的になれない。
・「環境的な完全」を感じられる「しばり」を見つけよう。
・定期的に参加して「出会いを自動化」しよう。
・交流は「週に1度、2時間」がちょうどよい。
・定期開催（参加）が難しい場合はオンライン開催（参加）でもいい。

第2章

ゆるさが「気づき」を増やす

気づきを増やすのに必要なのは「ゆるさ」

では次に、「出会いの頻度」に掛け合わせるべき「気づき」の要素について見ていきましょう。

何か新しいことに気づく、ということは心に余裕がないとできません。

仕事や雑念に日々追われていたら、たとえば昔好きだった幼馴染《おさななじみ》と街ですれ違っても気づかなかったり、せっかく人と会ってもよい関係を築けなかったりします。

余裕がないと、いくら目の前に素敵な偶然の種が現れても気づけません。

そんな気づきの余裕をつくるためのキーワードは、

「ゆるさ」です。

言い換えると「目的を限定しすぎないこと」とも言えます。このゆるさがないとセレ

セレンディピティに気づきやすいか否か

ゆるい　⇒　気づきやすい	ゆるくない　⇒　気づきづらい
近所の散歩	忙しい通勤
自由研究	テスト勉強
気軽な雑談	タスクの確認
見た目バラバラな人の集まり	見た目が揃った人の集まり

ンディピティに気づけません。

上の表で比較してみましょう。

なんとなくイメージできたでしょうか？

たとえば「飲み会」を例に考えてみましょう。

ただの飲み会だと、やることは飲み食いして話すだけなので、話が苦手な人はせっかくの個性に周囲が気づいてくれないかもしれませんね。

それが、同じメンバーだったとしても、もっと「ゆるさ」の要素を掛け合わせることで「気づき」が自然に増えていきます。

居酒屋ではなく、お酒やおつまみを各自自由に持ち寄る飲み会だったらどうでしょう。

これなら参加者の個性がもっと滲《にじ》み出てきます。

持ち寄ってきた地元のお土産からその人の故郷の話になったり、お店にはない珍しいお酒の話で盛り上がったりで想定外の発見があった、といった経験はみなさんにもあるのではないでしょうか。

誰かの家でやる飲み会であれば、ちょっとした楽器を演奏したり、ボードゲームをしたりと、どんどん自由になってきます。

ゆるさが増えれば増えるほど、お互いの個性に気づくチャンスが増えてきます。

居酒屋で開催されるような一度きりの合コンであれば、その限られた2時間では自由度も少なく参加者のよいところに気づけない、気づかれないことも多々あります。

そしてそのまま二度と会うこともない。そんな合コンを私はたくさん経験しました。

けれども、個性がゆるく表れる合コンだと、当初は想定していなかったようなたくさんの「気づき」が生まれてくるでしょう。

たとえば「みんなで餃子をつくる」がテーマの合コンに参加した時、私は意外にも
「餃子をつくるのが下手で可愛い」

と言われたことがきっかけで珍しくいい出会いにつながったことがありました。

今まで頑張って自己アピールをしていた不毛な合コンの数々が馬鹿らしくなりました（苦笑）。

これは仕事の場でも同じです。

新しいアイディアや部署を横断するような課題解決を重視するＧｏｏｇｌｅでは、全世界のオフィスで、雑談促進のための「ミニキッチン」が社内にいくつもあります。お菓子やコーヒーを無料で食べ放題飲み放題、そこで仕事をしてもいいし、ただくつろいでいてもいい。特に目的が限定されない場なので様々な出会いが起きます。

転勤や出張で別の国のオフィスに行ったとしても、ミニキッチンに行けば部署を超えた知り合いもすぐにできて、思わぬ仕事のアイディアにつながったりもします。

これは、マジメな仕事場にいい感じの「ゆるさ」がちょい足しされた例と言えます。

気づきは決して難しいことではありません。ほんの少しの「ゆるさ」を掛け合わせることで、想定外のよい気づきが増えていくのです。

✦「気づき」を増やす簡単エクササイズ

ただ、「ゆるさ」を出せといっても慣れていない人には難しいものです。

「自分にはそんな発想力はない」――そういう声もよく聞きます。

そんな時に自分一人でできる簡単エクササイズを紹介します。


知らない道を散歩する。


これです。一見とても簡単ですが、実は大事な秘訣《ひけつ》がすべて詰まっています。

ごくごく近所でもいいので、いつもとは違う道を通ってみる。実はこれをしてみるだけでも案外ドキドキするものです。

「寄り道は幸せの始まり」理論（34ページ）によると、家と職場の往復だけより、**たく**

さん寄り道したほうがポジティブな感情になり、幸福を感じやすくなるとされています。

ただ歩いているだけですが、普段よりも周囲を観察するようになり「気づき」が増えます。そして、いざ新しい人と出会った時にセレンディピティを起こすための準備になるのです。


旅の時を思い出してほしいのですが、そこで会うのは全員知らない人ですよね。けれども旅のスイッチが入っているのか、必要があれば道を尋《たず》ねますし、現地の人と何かしらのコミュニケーションが取れたら嬉《うれ》しい気持ちになります。

普段はマンションのお隣さんとも話さないのに不思議です。


この「旅感覚」を普段の生活の中にもインストールすることで、見慣れたはずの日常にも驚きが発見できるようになってきます。

旅の場合は、セレンディピティ感覚が鈍ってしまっている人でも強制発動させる劇薬だとしたら、近所の知らない道を歩いてみるというのは、じんわりと自分の旅感覚を上げていく優しい漢方薬のようなものかもしれません。

散歩しながら気になるフリーペーパーを手に取ってみてもいいでしょう。新しいお店をちょっと遠くからでも覗《のぞ》いてみましょう。

脳科学者の茂木健一郎さんも「**セレンディピティは散歩の途中で見つかる何か、だと思っていればまぁ間違いない**」という発言をされています。

散歩とは「特に目的なくぶらぶらすること」です。それによって、もともとは探していなかった情報が入ってくるのです。甘い焼き芋の匂い、何だか気になるいい音楽、思わず触ってみたくなるアートや自然などなど。**パソコンやスマホの画面を見るだけでは感じない、五感のすべてがフル活用されている状態**です。

ぶらぶら散歩こそ、たとえ時間もお金もない時でも簡単に味わえるセレンディピティの第一歩と言えるでしょう。

実際、私の周りでは、

・散歩をしていたら元同僚に会ってその話で転職が決まった。

・愛犬の散歩中にたまたま話しかけられた人が経営者で、不思議に気に入られてしまいその人の会社で副業することになった。

というような話がかなり多いのです。

先入観が「気づき」の邪魔をする

誰かと話をする時に「気づき」を邪魔するものがあります。

それは**先入観**です。

私自身の恥ずかしい失敗例をひとつ紹介させてください。

私の前職はGoogleの正社員でしたが、同じチームには契約社員の方もいて、一緒に仕事をしています。

契約形態が違うので、たとえ同じような仕事をしている場合でも、契約社員は給与が異なったり、社内の権限の差もあります。

そんな環境下で、私はあたかも自分が序列として上の人間のような錯覚をしていたのです。

しかしある時、自分が主催しているサルサダンスの部活に遊びに来てくれた契約社員の方々と打ち解けて、プライベートな話をする機会がありました。

すると、博士課程で美術の研究をしていたり、地方で伝統工芸職人を目指していたり、地球を2周していたりなど、とんでもなく面白い経験をもった人ばかりで驚きました。別に能力の差があって社内の雇用形態が違うわけではなく、単純に働くスタイルの違いというだけなのですが、自分の浅はかな先入観をとても恥じました。

それからは一緒に社外イベントを企画したり、旅行に出掛けたり、会社以外でも一緒にプロジェクトを立ち上げたりすることになったのです。

会社の立場での先入観のままでいたら、気づけない出会いでした。

みなさんも、年下だから、学生だから、外国人だから、などと勝手な先入観をもってしまったことはないでしょうか。

このように、知らず知らずにでも人を見下したり、偏見をもつことはセレンディピティの機会を自ら失います。

逆に目上の人だったりすると、変に遠慮や恐縮しすぎてしまい、せっかくの出会いがいい縁につながらないこともあるでしょう。

トラブルがセレンディピティを生む

そんな先入観をなくして交流するには、どうするのがベストでしょうか。

ただ話をするだけだと、どうしても余計な情報や肩書きがつきまとってしまいます。たとえば偉い人と話すと、なぜかその人の話をみんなでただただ聞くという構図になってしまいがちです。

これは生まれ育ってきた環境からも、そのような立場への気遣いを完全になくすことは難しいのです。

けれども舞台を変えて、その偉い人も含めてみんなで牛の乳搾りをするとどうでしょう。メンバーの中で誰も乳搾りが得意な人はいません。

ここでは特に上下関係は目立ってこないので、より自由な交流が生まれます。思い切りのいい人、用心深い人、ムードメーカー、真面目な人、などその人らしさが出てきます。

乳搾りはだいぶ極端な例ですが、「リアル脱出ゲーム」や「ボードゲーム」も、肩書きを忘れて自由な交流ができるゆえ、最近人気が出てきているとも分析されています。

みんな平等にちょっと苦手なこと、難しいことにチャレンジする。

そんな交流をすると、より多くの気づきが得られるはずです。

その苦手なことをさらに進化させると「トラブル」とも言えます。

少し想像してみてください。映画『タイタニック』のように、船が沈没するトラブルがあってこそ感動する恋やドラマが生まれたりしますよね。

これは実際、とても理にかなっています。

たとえば突然、会社が停電になったとします。

停電に慣れている人はそんなにいないでしょう。誰もが苦手な状況とも言えます。

そんな時には周りの人の素の個性が出ます。

年次が低かろうが、契約社員だろうが、みんなが今できることを必死に探して状況を解決しようと動くでしょう。そうしている内に、思ったよりも頼りになる人、そうでもない人、様々な人間模様が見えてきます。

人見知りだろうがなかろうが、この状況ではコミュニケーションをとらざるを得ませんし、そこで躊躇《ちゅうちょ》もしなくなっているはずです。

トラブルをたくさん経験した人は、先入観が減り、より多くの経験や信頼を得ていきます。
そう考えると、**たとえトラブルが起きたとしても、それは気づきのチャンス、つまり**

セレンディピティとして捉えることで、人生が思わぬ方向に好転するかもしれないのです。

なぜオンライン飲み会は盛り上がりづらいのか？

少し視点を変えて、身近な例を見てみましょう。

リアルでの出会いと比べると、オンラインの世界ではセレンディピティは起きにくいと言われます。これはなぜでしょうか。

FacebookやTwitter、Instagramなどでうまく自分をプロデュースできる人は多様なつながりが生まれて、セレンディピティを楽しんでいるでしょう。けれど、そんな人は実際多くはありません。

それは「フォロワー数」や「いいね！」数で数値化されることで、息苦しさを感じてしまうことも大きな要因です。

何か投稿してあまり反応がないとつらい。そもそも不特定多数の人にどう思われるのか心配。そんなにつぶやきたいことなんてない。

そういう悩みもよく聞きます。

オンラインがもつ本来のポテンシャルを考えれば、自分のニッチな趣味に興味をもった人が地球の裏側にいても簡単につながる可能性がありますが……そんなことは現実にはまず起きません。

何故でしょうか？　それは、

「ゆるさ」を出しづらい

ということが最大の原因です。

たとえば、オンライン飲み会は一見ゆるいようで、変なぎこちなさを感じた人は多いのではないでしょうか。

「ずっと顔が見られているような感じがして気を抜けない」

「同時に話ができないので、1人の話を聞かないといけない」

「ちょうどよく画面から抜けるタイミングが意外に難しい」

というオンライン形式ならではの**「ゆるくない問題」**が生じています。

では、オンラインでゆるさを出すにはどうすればいいでしょうか。

この答えに絶対の正解はありませんが、「真面目に話さなくても成り立つもの」と考えるとよいでしょう。

オンラインでできるものでは次の2つをオススメします。

・**ゲーム**（クイズ、ボードゲーム、しりとり、人狼ゲームなどが最初はオススメ。慣れてきたらオンラインでも複雑なボードゲームができるサービスも多い。※QR参照）

・**運動**（筋トレ、ストレッチ、ヨガ、ダンスなど）

ネットでボドゲを楽しめちゃう

このような活動は、誰かとしっかり向き合って話す必要がないのでそこまで気を使いません。

たとえば「オンラインで飲み会するよー」と言っても、いまいちピンとこない人も多いものです。実際には一緒に飲めないじゃないかと思ったり、誰が来るの？　何を話すの？というところに気が向いてしまいます。

けれでも**「オンラインで一緒に筋トレするよー」**と言えば、ニーズさえ合えばさほど迷いません。職業が違っても年齢が遠くてもそんなに気になりません。

特にここで挙げたようなテーマは、続けるほど個性や効果が出てきます。

そのため、**「出会おうと思わないほうが出会える」**理論（30ページ）的にもバッチリです。

一度集まってくれた仲間を大切にして、気長に続けてみましょう。

事情によっては顔を出したくないという人も気楽に参加できるように、ビデオをOFFでも参加歓迎な場づくりをしてあげることも細かいですが大事な点です。

まずはちょっと覗いてみようかなと思う人も参加しやすい雰囲気になります。

大ヒットのオンラインゲームに学ぶ「ゆるさ」

ゆるさをプラスすると予想外の発見や展開がどんどん生まれてきます。

少し話を大きくしてみましょう。

突然ですが、みなさんはゲームをしますか？

・どうぶつの森シリーズ

・荒野行動

・フォートナイト

・マインクラフト

ここで挙げた4つは、世界中で何億人ものユーザーがいて大人気になっているオンラインゲームです。

共通点は、ほどよい「ゆるさ」がプラスされているということです。

『どうぶつの森シリーズ』は、かわいい架空のキャラクターになりきって自分の村や島をどんどん自分好みにつくりあげていくというゲームです。

自分の村の美化を頑張ってもいいし、自分のキャラクターをおしゃれにすることにひたすら注力してもいい。そんな自由なゆるさがウケています。

新型コロナによる自粛期間では、最新作『あつまれ 動物の森』の中で友人同士お花見をしたり、ゲームの中で集まってホームパーティーをしたりという様々な楽しみ方がされていたようです。

これといった目的がないゆるい世界観ゆえに、想定外の交流が生まれているよい例と言えるでしょう。


バトルロイヤルゲームである『荒野行動』と『フォートナイト』は、無人島に集まったプレイヤーが様々な武器を駆使して殺し合う、という殺伐とした目的があります。

しかし、その目的は別として、自分のキャラクターの外見を飾ったり、ただかっこよくダンスをしてみたりと、殺し合いをせずにその空間でまったりとするという楽しみ方もされています。

特に『フォートナイト』では、現実世界の超有名ラッパーが起用されてゲーム中でライブを開催し、数百万人が集まって同時に楽しむというイベントが話題になりました。


私の知り合いの男子中学生は、『荒野行動』で一緒に戦って意気投合したプレイヤーとリアルに付き合い始め、海を越えた遠距離恋愛をしているとのことです。まさにオンラインでのセレンディピティですね。

今の若い世代はゲームをするにしても、見知らぬ人との信頼をどうつくり、コミュニケーションしていくかという能力を案外しっかり身につけているのかもしれません。

このような世界的なトレンドを見ても、参加者がただゆるくそこに居られるという世界観は絶大な支持を集めてきていると言えます。

『マインクラフト』は仮想の世界で自由に建築をしたり、冒険したりできるゲームです。世界観が自由すぎるというか何が目的なのかわかりづらいがゆえに、プレイヤーは友人つながりやネット情報を駆使して様々な発見をしています。

ＩＴ評論家の尾原和啓《おばらかずひろ》さんも「今の子供の砂場はマインクラフトなどのオンラインに移行してきている。そこで社交性を身につけている」と評していました。

実際に学校の教育現場でも『マインクラフト』が使われ始めており、プログラミング思考や、環境教育などの観点からも多くの国で支持されています。

自由なゆるさが多くの人を惹《ひ》きつけ、多くの気づきを生んでいる好例です。

このように、**オンラインの世界だからこそ起こりうるセレンディピティは、アフター**

コロナの世界での新たな潮流になっていくのかもしれません。

【2章のまとめ】

・気づきを増やすのに必要なのは「ゆるさ」。
・知らない道を散歩するだけで気づきが増える。
・肩書きなどの「先入観」が気づきの邪魔をする。
・トラブルは気づきの宝庫。
・オンラインでもゆるさを出すには「ゲーム」や「運動」がよい。
・オンラインの世界でもセレンディピティは起こる。

第3章

セレンディピティを起こすステップ

超具体的実践編

ここからは実践編です。

極度の人見知りさんでも大丈夫。自分のセレンディピティ感がじわじわと上がるコミュニケーションのコツを、ハードルの低い順にレベル1から10まで紹介します。

はたして自分が今どれくらいのレベルにいるのかを確認していただき、ぜひこのステップ法を丸パクリしてみてください。

きっと予想外のリアルがあなたの人生をどんどん面白い方向に連れて行ってくれるはずです。

ちなみに、科学の分野でセレンディピティ的発見が多い理由は、ひとつのテーマの実験を何度も何度も繰り返しているからです。

その高頻度の実験の繰り返しの中で、いつもと違う失敗をしてしまったり、全く異分野の人との出会いから発想を得て「気づいた」ことがセレンディピティにつながったのです。

こうした科学者の事例を私たちの生活に置き換えてみると、「新しい人との出会い」がこれに該当すると思います。初対面が苦手なあなたでも、科学者が実験にのめり込むように楽しく「頻度」と「気づき」を手にできるガイドになれば幸いです。

あなたのセレンディピティはどのレベル？

LEVEL 1〜2　なぜか誰にも誘われない、または誘われても失敗ばかりという人。

LEVEL 3〜4　色々新しいことを試しても続かない、人とのほどよい距離感が苦手という人。

LEVEL 5〜6　普段の生活には困っていないが、もっと楽しいことを見つけたいという人。

LEVEL 7〜8　自分からセレンディピティを仕掛けてみたいという人。

LEVEL 9〜10　セレンディピティで人生をもっともっと楽しみたいという人。

LEVEL 1 誘ってもらう確率を高めよう

「ヒマです」はセレンディピティを生む魔法の言葉

いつも同じ日々の繰り返し、家と会社の往復ばかり、そんな状況が続いてしまっている時は誰にでもありますよね。

そんな日常から、セレンディピティのきっかけを生む魔法の言葉があります。

その言葉は、「ヒマです」。

誰かに「最近どう?」と調子を聞かれたら、いろんな事情はあったとしても、騙《だま》されたと思って、「うん、結構ヒマです」と勇気を出して言うだけ言ってみてください。

それがあなたのセレンディピティあふれる冒険のスタートボタンになるはずです。

簡単すぎて拍子抜けしましたか?

最初はただなんとなく誘われる。誘われやすい人になることから、予想外の出来事を楽しむ冒険は始まるのです。

自分だけで探せる興味よりも、人から誘われることで、自分では思ってもみなかった世界に足を踏み入れることになります。

「ヒマです」と言うことは一見簡単そうに思えますが、実際は、

「いやー、結構忙しくて」だったり、

「ちょっと今は余裕がなくてしんどい時期かも」

と答えてしまう人は多いのではないでしょうか。

もし自分が誘う立場になってみるとよく分かります。忙しそうなオーラを出している人にはまず声をかけませんよね。

どうせ声をかけたところで既読スルーされるか、ごめんなさい……と言われてしまう気がしてならないからです。

こちらもなんだか忙しいところ、迷惑かけて申し訳ないという気持ちにもなります。

逆に、いつでもニコニコ、とまではいかなくても、たぶん何かしらの返事はくれるだろうなという人は、まず連絡はしてみようかな？となります。

「ヒマです」と言うことのデメリットは全くない？

しかし、うかつにヒマだなんて言ってしまうと、「興味のないお誘いがたくさん来たらどうしよう」とか、「ヒマ人と思われると恥ずかしい」……そんな心配の声もよく聞きます。

たしかに興味のないお誘いも結構来るようになります。ただそれと同じくらいの量の面白そうなお誘いも来ます。

誘いがゼロよりも、まず自分が選べる選択肢があるほうがいいですよね？

また、あまり興味のないお誘いだったとしても、世の中にこんなことがあるんだ……という、自分の普段の守備範囲やネットニュースだけでは手に入らない話のネタは興味深いものです。

私は諸事情あって行かなかったけれど、次のようなかなり変わったお誘いを受けたことがあります。「日本枕投げ選手権」、「猥談バー」、「強い精子について医療従事者とまじめに研究する朝会」、「プレゼン合コン」、「催眠術とカレーナイト」、「全国納豆１００種類食べ比べ」、「ホタルイカの目玉飛ばしコンテスト」……。

どうです？　タイトルを聞いただけでもだいぶ予想外の引き出しが増えそうな気がし

ませんか？　そんなお誘いが来たという話だけでも酒の肴《さかな》になりそうです。

しかしながら、お誘いを断るというのもたしかに結構難しいスキルです。

せっかくのお誘いを断ってしまうのは申し訳ない気がしますし、言い訳を考えるにもちょっと精神をすり減らします。

断ってその場に行かなかったのに、もしもどこかで鉢合わせしてバレたらどうしよう。

「海外にいる」と言っておいて都内でばったり会ってしまったらどうしよう……。

私も未《いま》だにそんなことを多少心配することもあります。

そんな方のために、自分の良心をなるべく傷つけずに、矛盾も起きない断り方のテッパンを共有します。

何も考えずに、とりあえず次の定型文をコピペして使い回しましょう。

そうすると誰も傷つきませんし、それでいてチャンスも殺しません。

多少は興味がある場合は、

「先約が入っていて、ごめんなさい！　でもよかったらぜひまた誘ってください！」

シンプルにこれに限ります。

非常に簡単ですが、「ぜひまた誘ってください」がとても重要なポイントです。

「先約が入っていてごめんなさい」だけだと、おそらく嫌われているか自分には興味ないのかな、と私のように根暗キャラの人間は受け取ってしまいます。

実際にこれだけで返してしまう人も多いですが、それではもったいない！　たぶんもう誘われないでしょう。

一方、**最後に「また誘ってください」の一言を添えると、相手の誘う気持ちを殺さないのでしっかりとまた次につながります。**

そのテーマに本当に興味がない場合は、正直に「申し訳ないのですが×××はちょっと苦手で……。他のお誘いならぜひまた教えてください！」と言えば、その相手自身を傷つけるわけではないので問題ありません。

けれどもそのテーマに関しては確実にノーを突きつけているので、今後同じようなテーマでまた誘ってくるということはすぐには起きないでしょう。

誘う人は興味をもってもらえるだけでも超嬉しい

また、聞こえてくる心配事の中には、特に謙虚な方に多いのですが、「自分のような人間がその場に行って場違いにならないだろうか。なんだか申し訳ない、というか心配」……という、後ろ向きな気持ちが発生してしまうことです。

自分がその場に見合うかな、行っていいのかな、と心配する気持ちは謙虚で素敵ですが、ぜひそこは安心して捨ててください。

お誘いしている以上、相手は200パーセントあなたに来てほしいと思っていますし、わざわざ場違いな場所にあなたを呼んで、居心地を悪くさせて、とことん辱《はずかし》めてやろう、とまで思う性格の悪い人はきっと別の方法を試していることでしょう。

いろんな企画を立ててお誘いをしている人間、少なくとも私は自信をもって言えますが、誘っている以上、単純に興味をもってもらえるだけで、こんなに嬉しいことはありません。

人を集めて楽しむ、というのは結構手間がかかることです。

ただのランチ会ひとつとっても、日取りを決めて、場所をおさえて、声をかけて人数を調整して、ドタキャンやドタ参に対応して、終わってからもお礼をする、などなど、全部が人と絡むことなので、気持ちのアップダウンや心配事も尽きません。

そんな中、**幹事的には「お誘いありがとうございます！」の一言だけで、企画をしてよかった、声をかけてよかった、というポジティブな気持ちになれるもの**なのです。

誘う立場からすると、自分が好きなものを一緒に体験してほしい、楽しい時間を一緒に過ごしたい、という気持ちが始まりにあるはずです。

もちろん、それをひとつのビジネスとしてやっている場合は、参加者が足りないと会が赤字になってしまう、という現実的な問題を抱えている可能性もありますが……そうは言っても、その企画自体にはその人たちの思いが込められています。

しかし、参加するならばできるだけ「安全」で、居心地のよさそうなお誘いに乗っかりたいですよね。次のステップでは、その見極め方をご紹介します。

《一言まとめ》

「ヒマ」と言うだけでセレンディピティが始まる。

LEVEL 2 よい誘いを見分けよう

お誘いの良し悪しを見分ける3つのサイン

さて、まずは「ヒマです」と言ってみることにしましたが、誘われるにしてもできるだけよいお誘いに乗っかって、よりよいセレンディピティに出会いたいですよね。

そう思った時に何を基準にお誘いの良し悪しを判断すればいいでしょうか?


ここの見極めを間違えてしまうと、場違いで微妙な気持ちになったり、めちゃめちゃコミットを求められる組織に巻き込まれて、こんなことなら家でＮｅｔｆｌｉｘでも観てればよかった……という体験になってしまいます。

自分の温度感に合ったお誘いをどう見極めたらいいか、非常にシンプルですが次ページの表にある3項目をぜひ気にしてみてください。

お誘いの良し悪しを見分けるサイン

項目	初回NGサイン	初回OKサイン
誘い方	**あなたの名前がない。** 明らかな文章コピペのみ。	あなたを誘った理由をきちんと書いてくれている。
人数	**人数制限がない。** 大人数を強調しているのは注意。	10人程度で、参加者全員の顔が見える規模感。
会費	**会費の根拠がない。** 5000円以上する場合にはひとまず注意。	なし、または2000円以下や、飲食の実費のみ。

お誘いの良し悪しを見分けるサインが表れるのは、「誘い方」「人数」「会費」の3つです。

それぞれについて詳しく見ていきましょう。

NGサイン①：「あなたの名前がない」

まず、どのお誘いに乗っかるべきかは、気をつけていれば一言目で分かります。

悪い例から見ていきましょう。次のメッセージを見てください。

あなたの名前もきちんと入れずに、「こんにちは！」から始まるテンプレートです。

これは一番のNGサインと思っていいでしょう。

〈メール文面〉

こんにちは！　いつもお世話になっております。

明日11／28に、パリから来たカリスマフレンチシェフ◯◯◯を囲んだお食事会を六本木で開催します。
普段はめったに日本に来ることもないのでまたとない機会です。
これを逃すと次の機会は数年先になってしまうかもしれません。
ぜひお見逃しなく！

会費：1万円（税込み）

シェフ略歴：

1972年夏	渡欧　ベルギーのホテル「◯◯◯◯」を皮切りにフランスへ渡り、パリの一つ星レストラン「オーベルジュ◯◯◯◯」、二つ星レストラン「◯◯◯◯」などで4年半修業
1981年春	株式会社◯◯◯◯入社　レストラン「◯◯◯◯」料理長となる
1983年	株式会社◯◯◯◯取締役総料理長となる
1989年5月	フランス「◯◯◯◯」エグゼクティブシェフとなる
1989年9月	◯◯◯◯コンクール優勝、1989年度最優秀料理人となる
1989年10月	フランス料理アカデミー日本支部会員に認定される
1990年	◯◯◯◯コンクール2年連続優勝、1990年度最優秀料理人となる
1991年	◯◯◯◯料理長に就任
2006年	パリにレストラン ◯◯◯◯◯ 独立開業

このパターン、結構多くないですか？
誘う側の人も実はうっかりやってしまっていないでしょうか？

たとえどんなに内容自体が面白そうであっても、誘った人は参加者であるあなたのことをこれっぽっちもケアしてくれないでしょう。

なぜなら、このお誘いはあなたを個別の人間として見ていないからです。**SNSでの投稿や宣伝文をそのまま送りつけている状態**ですね。シェフの異常に長い経歴もそのまま貼り付けてきています。

このマインドが実際の会でもそのまま表れている確率が高いため、**参加したあなたを1フォロワー増えたくらいの感覚で見てしまっている可能性が高い**のです。

かろうじて「林さん、こんにちは」と名前だけ入っていたとしても、以下は完全にコピペなようなら、この手のお誘いの優先度は低くしておくのがよいでしょう。

逆の例を見てみましょう。

〈メール文面〉

一度ぐらいはラグビーの試合を見てみたい人!?

いたらぜひ気軽に連絡ください！

試合の見所から、注目ポイントまで、全部解説しまくります。

そして僕の大好きな友人だけにお声がけしているので、終わったら軽くメシにでも行きましょう。

僕のパッションが熱すぎてウザかったらごめんなさい！笑
でも絶対損はさせません。
今後もワールドカップもあるし絶対日本のラグビーは面白くなります。楽しく知ったかぶりもめっちゃできるポイントがあるのでミーハーな動機も大歓迎です。

とにかくラグビーの面白さを知ってもらいたい！と思って前のめりに企画してみました。

会は実費だけ、僕には一銭も入りませんｗ

僕の友人で、ラグビーが流行《はや》る前から定期的に仲のよい知人を集めて、一緒にラグビー観戦をしようという企画を重ねていた仲間がいます。

実際彼が何かそれで稼ぎを得ることはなく、ただ純粋に自分が愛してやまないラグビーをみんなと共有したいという気持ちから発したものでした。

私が誘われた時（２０１７年）は、「ラグビーか、あんまり興味ないな……」と思ってしまいましたが、彼は、個別のメッセージでも、

「私のいい友達でラグビー全然知らないやつらもたくさん来ますし、俺が全部分かりやすく、ルールや見どころも紹介します！　ぜひ林さんには来てほしい。ワールドカップも10倍楽しめます！」

と、至れり尽くせりの誘い文句を出してきてくれたのです。

私からすると何か余計な費用が発生するわけでもないし、ラグビーに詳しくなれそうだし、楽しそうな友人も紹介してくれる。こんなにお得ポイント満載なら一度くらいは

行ってみるか、となるわけです。

実際彼のおかげで、全くルールが分からないながらも仲間はずれになることもなく、ワールドカップに向けてにわかファンじゃない素地を早めにつくることができました。

もちろん参加者もみな感じがいい人ばかりで、新しい素敵なつながりも生まれました。

これは今でもよく憶《おぼ》えている印象的な経験です。


このように、**一言でも「なぜあなたを誘っているか」の背景がある場合は、ぜひ前向きに考えてみましょう。**


誘ってくれた人の熱意でもよいですし、「あなたならたぶん興味をもってくれるんじゃないかと思い……」という少しの配慮でもかまいません。

たとえ興味が合わなかったとしても、その人はあなたのことをそこそこ考えてくれています。

つまらなそうにしていたら、少し解説をしてくれるかもしれませんし、誰か話の合いそうな人を紹介してくれるかもしれません。

きっとそういうお誘いのもとに集まったメンバーですので、一定のフィルターはかかっている、つまりセレンディピティの確率は高まっていると言えるでしょう。

NGサイン②：「参加人数の制限がない」

参加人数はとても重要な問題です。

多すぎると結局印象に残る体験ができなくなってしまいますが、少なすぎるのもシャイな人は気が重くなってしまうかもしれません。

「いろんな素敵な人が集まるから紹介するね」と言われたのに幹事が手一杯で、人見知りな人たちはなんだか不発に終わる、というパターンもよくあるかと思います。

音楽イベントやグルメイベントなど人数がどうあれテーマだけで楽しめる場合は別として、これから何か新しい仲間や人間関係に触れていきたい、という方は、**人数が多いところを選ぶのは極力避けましょう。**

最大でも10人程度、その中で3〜4人で話せる機会がある集まりをオススメします。

『なぜ僕は、4人以上の場になると途端に会話が苦手になるのか』の著書がある行動分析士・岩本武範《いわもとたけのり》さんの説によると、多くの人は４人以上の会話になると脳がパンク状態になり楽しめなくなってしまうといいます。

それくらいの少人数で安心して話せるグループがいくつかあるような場だと、質と量ともにバランスがよくなります。

逆に30〜１００人ほどが一度に集まるような大人数の懇親会では、１人あたり5分ずつ、トータルで10人くらいと名刺交換して話して終わりという流れのものが多くあります。

こうした会のデメリットは、特に仕切りもない場合は、話が１対１のサシになりがちです。

サシになってしまうと、話の切り上げどころが難しく、話がやたらと長い人の餌食になったり、謙虚な人はトイレに行ったりブッフェを取りに行ったりするタイミングを見失ってしまいます。

それでいて、相手にあからさまに切り上げられるととっても寂しい気分になります。

変に欲を出して、たくさんの出会いがあるかな？と狙って大人数の会に参加すると、こうして残念な結果に終わることが多いのです。

NGサイン③：「会費の根拠がない」

会費はいつも微妙な問題です。

価値があることにお金を払うのは問題ないけど、何かちょっと微妙な会費のせいで後味の悪い経験をしたことはありませんか？

これが続いてしまうと、新しい場所に出向くのが嫌になってしまいます。

素敵な人ばかり集まる会だからとか、ご飯もとっても美味しいからとか、絶対楽しいからと言われて素直に参加してみたものの、

「こんな感じのブッフェメニューで5000円取るのか？」とか、

「お酒の種類やたら少ないけど、飲み放題で3000円くらい取ってない？」

といった会は結構あるものです。

満足度が高く、コスパもいいお誘いはどうやって見極めればいいのでしょうか？

まずは自分の中で、何か比較する物差しをもっておくと変に迷わなくなるでしょう。

私の場合は、映画やランチの値段と比較することが多いです。

映画の場合は約2時間で１８００円、思いがけず面白い映画に当たる時もあれば外れる時もあります。

ランチの場合なら、１時間程度で１０００円くらい。ちょっと奮発したランチのコース料理なら３０００円くらいでしょう。

これくらいの基準で考えると、**１０００〜３０００円くらいの費用で参加できるものを選べば満足できることは案外多い**です。

しかし、世の中にはよく分からない価値をつけられて、５０００〜１万円くらいの参加費を取られる会も結構あります。

もちろん幹事側の言い分もあります。

イベントにはドタキャンがつきものなので、当日まで参加確定が読めないことも多いため、少し余裕をもたせて赤字の出ないようにしておきたい。それはもっともな主張です。

ですので、高いからといって一概に怪しむ必要はありませんが、ポイントとしては、その会が何を付加価値としてその参加費になっているのか少しだけ気にしてみることが大事です。

本当にいいお誘いは、幹事側もそれで儲けてやろうというよりも、自分の好きなものを共有したい、いい仲間をつなぎたいなど、ある意味精神的に余裕のある人が多いです。

手当たりしだいに誘われて行くのではなく、このような機会をしっかり選べると、セレンディピティがより高まります。

気乗りのしない誘いこそ「実はいい」理由

以上3つのNGサインに該当しないお誘いの場合は、ちょっと気乗りがしなくても行ってみることをオススメします。

なぜなら、**気乗りがしないというのは、今の自分にはないけれど、潜在的に自分が欲しているものの可能性が高い**からです。

そこに出向いてもし「環境的な安全」を探すことができれば、自分が今までスルーしていた分だけ逆に驚きや発見が大きくなります。

実際に結婚相手やビジネスパートナーに出会った場所は、実は最初は気乗りがしていなかったという人はとても多いのです。

体験の満足度や感動は「実際の体験−《マイナス》期待値」とも言われます。

つまり最初は気乗りがしないということは期待値が低く、期待をしていなかった分、

「意外に面白かった」

「意外にいい人だった」

と、満足度は高くなるのです。

逆の例では、事前情報に気合いが入りすぎて期待値がとてつもなく高くなってしまったＳＮＳ時代のイベントや合コン、出会い系サービスなどで、結果的に落胆することが多くなってしまうのです。

このレベル2で述べた3つのNGサインに当てはまらなければ、知人を信じて一度でも足を運んでみると予想外の素敵な出会いが待っている可能性は高いと言えます。

ちなみに、私自身にもこれは大いに当てはまりました。

私の生涯の趣味となり人生好転のきっかけになったサルサダンスですが、これは留学先の先輩に誘われて嫌々始めたものでした。私がまだ学生だった時代は、ダンスは女性がやる趣味、または調子に乗ってる男がやるものという印象だったので、めちゃくちゃ恥ずかしい……その反面、どこかうらやましい……という心境でした。

このように本当は潜在的に興味があるのにそれらしい理由をつけて蓋をしてしまっている、というのが「気乗りしない」の正体だったりもします。

《一言まとめ》
気乗りしなくても、安全ならばむしろチャンス!

LEVEL 3　新しい場に馴染んでみよう

お手伝いで軽い役割を担ってみる

せっかくよさそうなお誘いを見つけることができても、初めての場所でどう振る舞えばいいかは簡単ではありません。自分も相手も気まずくなってしまいそうな地雷が常にたくさんあります。

ですが、**楽に居場所を確保しつつ、そこそこ話せる相手が見つけやすくなるコツ**があれば、どんな場所でも行きやすくなります。

それは、**「何かしらのお手伝いをする」**ことです。

たとえばちょっとした二次会や勉強会などの集まりであれば、とりあえず受付の仕事でも手伝ってみましょう。

オンラインイベントでは、タイムキーパーやチャットを盛り上げるサポーターなどは重宝されます。

このような仕事をまかされることで、「この場で何を話すのが正解なんだろう」という不安を感じずに済みます。明確な役割がありますからね。


つまり、**その場の内側に入ることで、簡単に「安心」をつくりだせる**のです。


人は何か同じ作業をすると自然と親近感が生まれてくるので、そんなに話を頑張らなくてもOK、淡々と仕事をしておきましょう。

その仕事の役目が終わっても、会の中で気まずさを感じることが減ります。

今日はどうして
いらしたんですか？
オド
オド
STAFF

さらにレベルが上がれば、お手伝いしたことでスタッフのオーラを身にまとい、一般の参加者にも話しかけやすくなっている自分を発見するでしょう。

一人で寂しそうにしている参加者に、スタッフ証でもさりげなく見せつけながら、「今日はどうしていらしたんですか？」とでも聞いてみましょう。あなたはもうその人の救世主です。

しれっとスタッフに近くなることで、他の参加者よりも一段上のレベルから俯瞰《ふかん》できるので、触れ合うきっかけが増えることになります。

スタッフ側と仲良くなる、お礼と感想

何かをお手伝いするまでは頑張る気力がない……という時でも大丈夫です。

今日はその場で話が合いそうな参加者がいないな……と思ったら、スタッフ側の人に

話しかけてみたり、あとでメッセージを送ってみましょう。

同じ立場の参加者にランダムに話しかけるよりもよっぽど楽ですし、相手にも喜ばれます。

ほとんどの場合、参加者はスタッフのことはあまり気にしていないので、初めて会ったあなたが話しかけ、少し苦労をねぎらってあげるだけで基本的に喜んでくれます。Facebookの友達申請などにもまず喜んで応えてくれるでしょう。

内容も最初はとりあえず、難しいことを考えずに感謝を伝えるだけでよいのです。人間、まずは心理的にホッとしないといい関係を結べないので、その会に対してのクレームや意見があってもまずは抑えて、素敵な会を開いてくれたお礼とポジティブな感想をひとつでも伝えてあげましょう。

さらに、あなたが一人で来ていることや、あまり知り合いがいないことなどを少し添えれば完璧です。

私自身色々な会を開催してきましたが、スタッフ側に感謝を伝えてくれる人はそれだけで好きになってしまいます（笑）。

だいたいの参加者は、目立った人に話しかけに行ったり、登壇者がいる場合はその人に群がったり、美女がいればそこに人混みができたりで、スタッフの周りは完全なスキマになっています。

しかし考えてみると、スタッフはその会のゲストのことや参加者のことを一番把握しています。旅先の観光地でいえばインフォメーションセンターのようなものです。

まずはここを通ることで、その場がより充実したものになるのです。

《一言まとめ》
お手伝いは「環境的な安全」への最短距離。

相手の「おもてなしスイッチ」を押す一言

いろんなお誘いやイベント事の中から、ちょっとでも自分が楽しめそうなもの、興味のもてる人に出会うことができたなら、2回3回と続けてそこに参加してみましょう。ドラゴンクエストなどのRPGでも、村での情報収集ミッションでなかなか進展しない中、同じ村人に3回話しかけてみるとついに大事なヒントをくれて次にやるべきことが決まる、そんな仕掛けがあったりしますよね。

これはゲームの中だけでなく、実はリアルの場でも大事なヒントです。

一度参加した人が継続して来てくれるということは、相手側からすれば今どきただ事ではない嬉しいことであるとぜひ覚えておいてください。

これはイベント事に限らず、カフェでもレストランでも美容室でもそうですが、リピートしてくれたということは、確率的に考えるととんでもないことです。

自分の行動範囲にある選択肢が仮に100程度あったとして、リピートしたということは100分の1×100分の1なので、考え方によってはすでに、

1万分の1の奇跡といえます。

多少経験のある相手ならこの希少価値を分かっているので、あなたのことを最高に歓迎してくれるでしょう。

ただ、その誘い主自身がその価値を気づいていない時もあるので、一言でも「何でまたここに来たのか」率直な理由を添えてあげると、相手のおもてなしスイッチを押してあげられるかもしれません。

たとえば、

「前回は初参加だったので不安でした。だけどみなさんがそれをすごく気にかけてくれてよくしてくれたので、居心地よかったです」

こんな具合です。それだけでものすごくいいフィードバックになりますし、あなた自身への感謝もさらに深まるでしょう。

その一言がないと、単純に気づかなかったり、または何か別の目的があったりするのかな、と勝手な解釈をしてしまったりするものです。

余談になりますが、私は旅先でとても気に入った飲食店などがあれば、最低でも2回は行くようにしています。

短期間滞在の観光客でそのようなリピートをする人はなかなかいないようで、どの国でもすごく歓迎されますし、プラスアルファのサービスをしてくれることも多いです。

これがきっかけでＩｎｓｔａｇｒａｍをフォローしあったり、一見のお客さんとお店の人という関係を超えたものが自然に生まれてきます。

実際思い出に残る旅というのは、行った数よりも、どれだけ深く交流できたかという尺度だったりするものです。

ちょっとでも気になったものは、アンテナを立ててもう一度触れてみましょう。思ってもいなかった気づきに出会えるかもしれません。

続けて会うと価値観が変わってくる、興味が生まれる

また、回数を重ねることは心理学的にも様々な効果が報告されています。

「出会おうと思わないほうが出会える」理論（30ページ）は、私自身も数多くのイベントやグループづくりを繰り返す中で強く実感するところです。

何の口実でもいいですが、週に1回程度集まる場があると、一度会っただけでは気づかなかったその人の意外な魅力が他のメンバーによって引き出されたり、その人とのソリの合わなさ加減もなんとなく慣れてきたり、自分なりに対応する心構えができたりもします。

最初は「無口で気難しそうな人だなぁ」という印象だった人が、2〜3年ゆるく付き合っているうちに、「自然体な人だなぁ」と印象が好転していたことが私の経験でも多々あります。◯◯な人だと思っていたのに、こんな素敵な面があったんだ——そういう驚きは、一度だけの出会いや一対一の関係ではなかなか生まれません。

継続的に誘われる、少しでも気になったら続けてみる、というのは地味なポイントながらも、相手のいい面を見つける点でも、自分のいい面を相手に見つけてもらう点でも重要です。

自分の中のほんの少しの直感を大事に、続けて参加してみる。これだけでもよいつながりが生まれる確率は格段に上がっていきます。

《一言まとめ》
リピートするだけでも相手にとっては奇跡的。

LEVEL 5 楽しかったら共有してみよう

一番喜ばれること、それは共有

楽しい居場所を見つけたら、それを少しだけ周りと共有してみましょう。

InstagramやFacebookで「素敵なところなのでシェア」とすることだけが共有ではありません。

もっとシンプルに、知人との話の中で

「最近何か楽しいことあった？」と聞かれたら、「この前○○っていういいお店に行って」という話からでもそれは立派な共有です。

こういった話をすると「自分のオススメなんて、人に話してもそんなに興味をもたれるはずがない」と決めつけてしまっている謙虚な方も意外に多いのです。

けれどもあなた以外の人間は、予想外に全然違ったポイントにむしろ強く興味をもつことがあります。

私自身、ペアダンスという趣味はあまりメジャーでもないし、チャラいと勘違いされるような不安を勝手にもっていました。

けれども、たまたま参加した社外の飲み会で「趣味はペアダンスです」と言ってみたら、初対面の女性から「男性でダンスできるなんて素敵」「ちょうど何かダンスやろうと思っていたんです」など、想定外の引きがあって驚きました。

しかしここで調子に乗って語りたがり、教えたがりの空気感が出てしまうと、せっかくの相手の「気づき」を萎《な》えさせてしまうことにもなるのでご注意ください。

相手が本当に興味がありそうだったらその場を紹介したり、さらに反応がよければ一緒に連れて行ってあげたりすることで、人間関係が徐々に深まっていきます。

そして何より、新しい友人知人を連れて行った先の相手は、間違いなく感謝してくれるでしょう。

共有はセレンディピティ爆増の鍵

このような小さな共有でも、セレンディピティを起こすのに実は絶大な効果があります。

たとえば小さな飲み会グループがあったとしましょう。

最初のメンバーは５人だったとしても、月に１回の活動で毎回それぞれ１人だけ新しい知人を連れてくるとしたらどうなるでしょうか。

１ヵ月目　５人
２ヵ月目　10人
３ヵ月目　20人
４ヵ月目　40人
５ヵ月目　80人
６ヵ月目　１６０人

このようにたった半年で160人の飲み会グループになります。この数字だけを見るとネットワーク商法やネズミ講の話をしているみたいになってしまいますね（笑）。

ここでのポイントは、数の問題でなく、全員が誰かの紹介で来ているということです。

誰かがあくびをすると自然にあくびが出てしまうことがあるように、人の行動というのは不思議と伝染していくものです。

誰かが自分の友人や知人を「紹介で連れてきました」ということが何度かあると、周りもそうすることが自然という空気感ができていきます。

そうなることで自分にも相手にも、セレンディピティの種がどんどん生まれていくということになります。

その違いをもう少し分かりやすい数字で説明してみましょう。

まず自分に5人知り合いがいるとします。

その5人をただ別々に知っているだけだとその人数分の可能性しかないですが、その5人を一緒につないであげると可能性がすぐに倍になります。

たとえば飲み会の席で話が2人で盛り上がったら1組と考えます。5人のグループの場合、それぞれが知り合って1対1の組み合わせができるパターンは、5×4÷2で10組です。

さらにその10組の中から何組かは、「何か2人でプロジェクトを一緒にやってみよう」とか、「地元が同じで意気投合。恋が芽生える」というようなことが起きるかもしれません。

知り合いの数は同じなのに、生まれる化学反応の可能性はすぐに2倍以上になるのです。

これが5人から20人に増えるとどうなるでしょうか。

20×19÷2で190組になります。

人数だけで考えると、5人から20人でたった

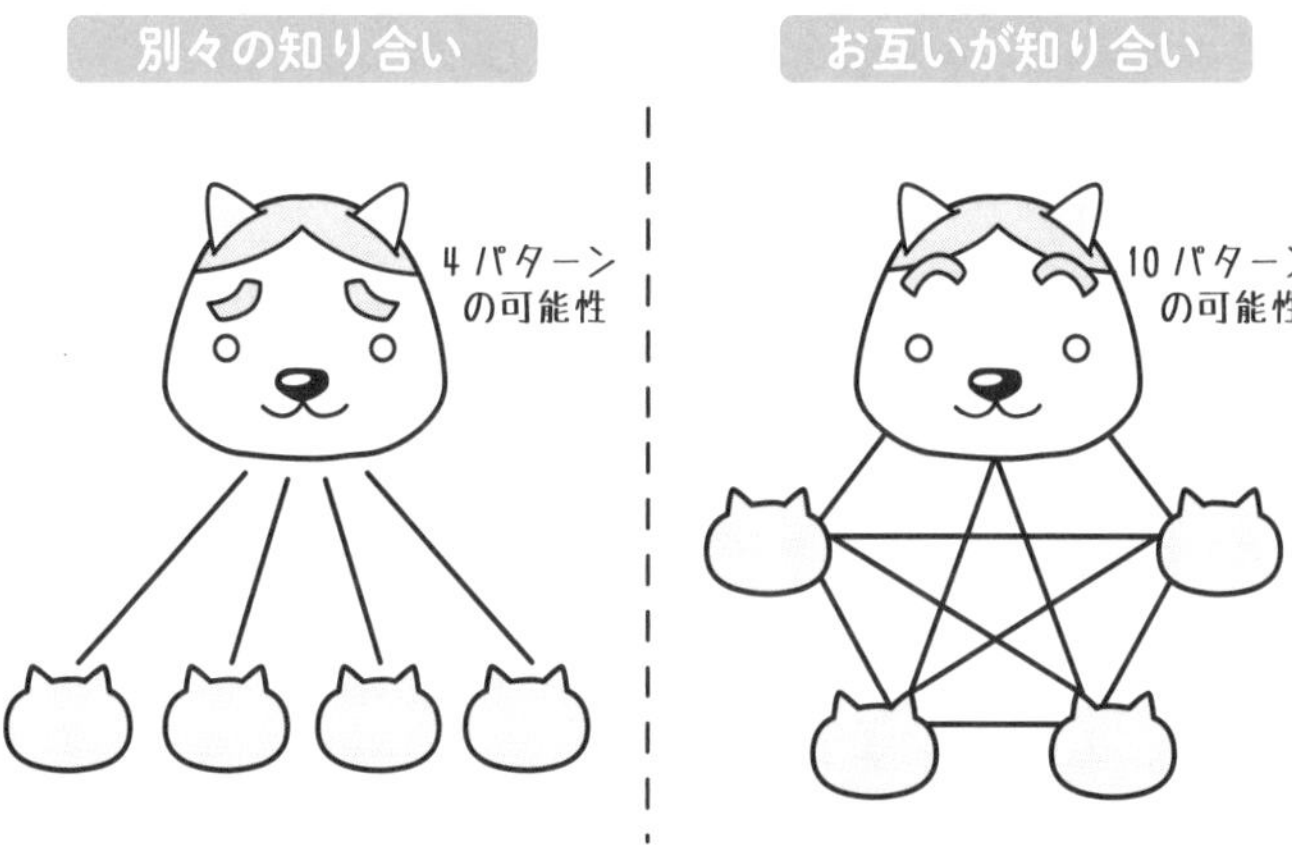

の4倍ですが、組み合わせペアで考えると、10組から190組へと一気に19倍になります。

これが意味するところは、

①知人へのちょっとした共有

②横のつながりが生まれるような安心できる環境

この2つが整うと、人間関係の化学反応が生まれ、可能性が爆増するということです。

自分1人の活動で一度に190もの新しい発見や出会いをつくると考えると途方もなく大変な作業です。

けれどもたった5人から始めて、3ヵ月だけ誰かへの「共有」を続けてみることで、自分でも予想できないほどの多様なセレンディピティが生まれる可能性が出てくるのです。これが「コミュニティ」が大事な理由です。

たとえばSNSで1000人のフォロワーがいた場合、一方的な発信だとそれは1000人に情報が伝わっているだけの状態です。

けれども、その縦（フォロー・フォロワー）のつながりだけでなく、横のつながり（フォロワー同士の交流）をつくることができれば、1000×999÷2＝49万9500というとんでもない数になるのです。

「友達を増やそう！」なんて思う必要はありません。**ただ、自分の周りの人たちが安心して仲良くできる場所を提供できればそれでいいのです。**

《一言まとめ》

ちょっとしたオススメの積み重ねでセレンディピティの可能性は爆増。

ただの飲み会だって「役割」がある

次に意識するべきことは、「自分なりのちょっとした役割」です。

ドラゴンクエストで言うと、言い出しっぺの勇者がいて、力の強い戦士、特殊な術が使える魔法使いや僧侶、お金を増やしてくれる商人、といったように、キャラクターには役割がありますよね。

自分なりの役割があると、その場の居心地がよくなりますし、横のつながりもどんどん増えていきます。

けれども、役割と言われても「何か自分が特殊な能力をもっていないといけないのかな」と、心配になってしまう方もいるでしょう。

全然そんなことはありません。役割というのはもっと簡単なレベルのもので大丈夫です。たとえば４人で飲み会をするだけでも、実は次のような役割があるものです。

①言い出しっぺ
②いいね！する人
③まとめる人
④ぶっちゃけれる人

経験則の人口分布で言うと、言い出しっぺが3％、いいね！する人が10％、まとめる人が10％、ぶっちゃけれる人が10％、残りの70％弱はなんとなく後から参加する人たちです。

それぞれの役割について詳しく見ていきま

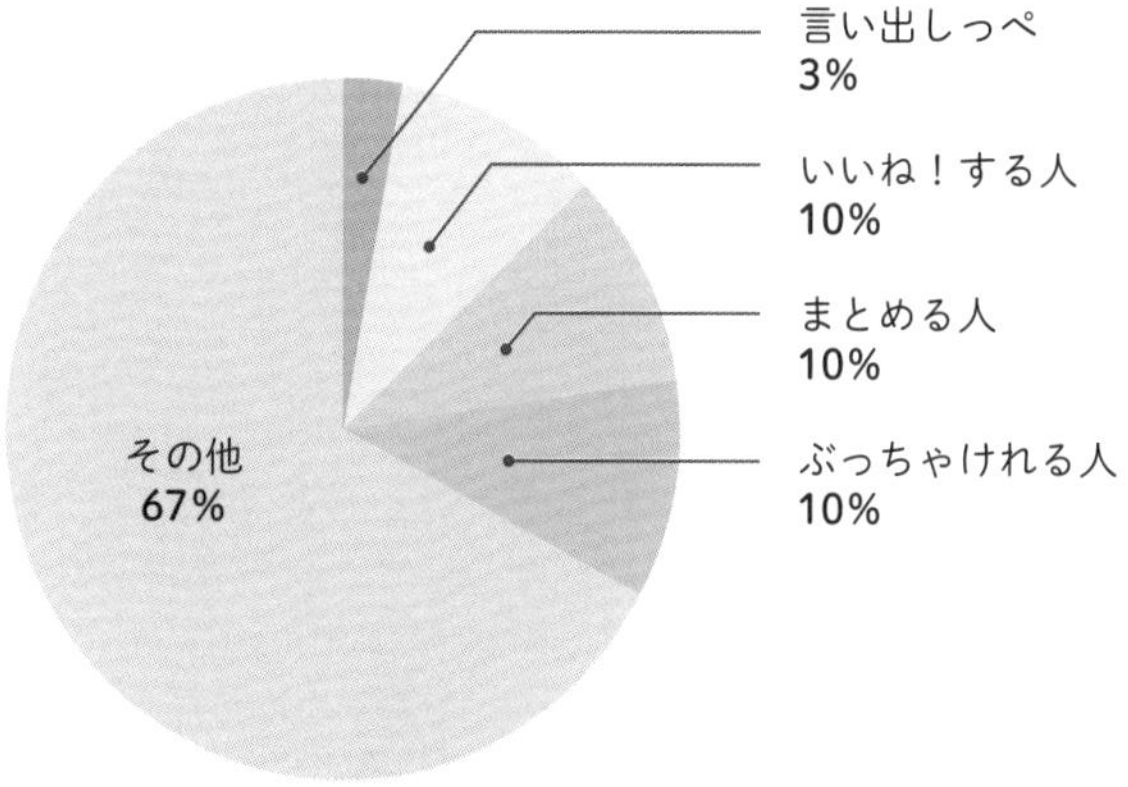

ありがちな役割分布

しょう。

①言い出しっぺ

まずは何事にも言い出しっぺの人が必要です。ここがないとすべては始まりません。

しかし言うだけとはいえ、実はなかなか難しいのです。

言ったのにやらなかったら、口ばっかりの奴と思われるかもしれない。

言ったからには責任が発生してしまうし、もしそれがうまくいかなかったら気まずい思い出になる。そう考え出すとネガティブな要素はどんどん出てきます。

だから言い出しっぺの存在は何より貴重です。

②いいね！する人

そこで②の「いいね！する人」はとても重要な存在です。

①の人は、実現の可能性はともあれ、誰かが「いいね！」と賛同してくれるだけで結構満足しますし、嬉しいものです。

私は何も特技ないし……と不安な人は、まずこの役割になるだけでも、いろんな面白い冒険に巻き込まれていきます。

まずは言い出しっぺの原動力を殺さないように、「いいね!」で満たしてあげてみてください。

しかし、真面目で責任感のある人は、無責任に「いいね!」なんて言えないと思うかもしれません。Facebookで「いいね!」ひとつするのにも色々迷ってしまう時代です。

さっきの投稿の人には「いいね!」を付けなかったので、本当は「いいね!」と思っているけど止めておこう。本当はうらやましくていいなぁと思ってるのに、調子に乗られるのも悔しいからあえて「いいね!」するのは我慢しよう、などなど。

SNS社会では誰しもが通る道です。

そんな人は、せめてまず批判はせずに、静かに優しい反応で「なるほど」と言ってあげてく

ださい。

言い出しっぺのアイディアの中から追々、その会にとって本当にいい選択をみんなで考えればよいのです。

③まとめる人

言い出しっぺがいて、賛成してくれる人がいると、一気にその企画が動き出します。

ここから存在感を発揮するのが、「まとめる人」です。

よい仕切り人は、今の時代ならとりあえずＦａｃｅｂｏｏｋやＬＩＮＥなどで３人のメッセージグループをつくる、それだけで一気に①の妄想が現実に近づきます。

話が盛り上がった直後にこれをするだけで、その行動力に驚かれることがほとんどですし、妄想がリアルになる確度が跳ね上がります。

そんな簡単なこと、と思うかもしれませんが、世の中には①と②だけで終わって日の目を見ない妄想がどれだけ多いことか。

すぐにメッセージグループをつくってくれたり、みんなの日程調整を仕切ってくれる人には、その世話焼きっぷりに最大限感謝してあげましょう。喜んで今後もどんどんまとめてくれるはずです。

④ぶっちゃけれる人

さて、メンバーはひとまず集まったし、場所も決まった。これでほぼ舞台は整ったわけです。あとはそれなりに楽しい会になればいいですが、たとえばこんな苦痛な時間を味わったことはないでしょうか。

・同じ人ばかりずっとしゃべっていて、楽しんでいるフリをしなきゃいけない時間。
・内輪話が延々と終わらずに、とりあえずずっと頷《うなず》いて耐えていた時間。
・アレはオレの仕事だ、という終わらない自慢話を聞かされる時間。

こんなふうに、一方通行のコミュニケーションで終わってしまうことも少なくありません。

そんな時に、どんな要素があれば予想外の新しい展開が始まるきっかけになるでしょうか？　鍵となるのは、難しいことではありません。

みんなが参加できるネタの提供です。

最も簡単な例で言うと、素直な感情の共有、平たく言うと「ぶっちゃけ」です。

簡単に聞こえますが、実はなかなか高い壁です。特に男性には!

私の主催している会では、「**感情のB面**」と呼んでいますが、「何かが満たされていない時の感情」が共有されると、場の熱量が上がります。

たとえば次ページの図のように、B面の話題が出ると、みんなが「どうしたの?」「大丈夫?」というふうに気持ちが向きますし、その感情から逃れ満たされるためにはどうしたらいいかという話になると、これはもうどんどん面白い展開になっていきます。

失恋の話ならば、心に開いた穴を埋めるためにみんなでカラオケに行こう、小旅行に行こう、という展開になったり、汗をかいてさっぱりしようとみんなでサウナに行くことになったりと、B面の感情からはそれを補うためのアクションが生まれてきます。

逆にA面の「とっても幸せ、満足してします」という話となると、「そうか、よかったね!」で終わってしまったり、自慢大会が始まってしまいます。

感情のＡ面とＢ面

感情のA面	感情のB面
愛情 ・親しみのある ・心を開いた ・あたたかさ	**イライラ** ・むかつく ・不愉快 ・いらだつ
自信 ・オープンな ・熱中している ・心惹かれる	**疎外** ・退屈な ・孤立した ・心が離れた
興奮 ・びっくりした ・いきいきとした	**弱さ** ・遠慮がち ・不安定な ・切ない

本当はこの言葉リストは３００以上あるのですが、何かを始める前にここから今の気持ちをひとつ選んでもらうだけでも、その場の安心感はかなり上がりますのでぜひ試してみてください。

このように①〜④の役割には、何も特別なスキルは要りません。

いつもなんとなく集まっていた仲間たちとも、こんふうに役割を少し意識するだけで、今までは存在していなかった関係性が生まれ、新しいセレンディピティの種になるのです。

名前をつけると役割がさらに進化する

思い返してみると、私たちはみんな、小さい頃からいろんな役割の名前をつけられてきました。日直、掃除係、先生、生徒、部長、副部長、代表、お父さん、お母さん、などなど。

なんとなく仲間の個性が見えてきたら、遊び心をもって役割に名前をつけてみましょう。

走るのが好きな仲間たちでランニングサークルをつくったことを想定してみましょう。たとえば言い出しっぺに「部長」という名前をつけてあげるだけで、本人は結構その気になります。

みんなから面白半分で「部長」と呼ばれただけなのに、メンバーみんなが楽しんでいるかどうかをなぜかいつもより少し気にしてしまったり、もっと新しいメンバーを勧誘できないかなんて思い始めてきます。

名前はベタであればあるほど、分かりやすくていいと思います。

ネガティブなことをポジティブに、あえてイジるようなネーミングも面白がられて定着しやすかったりします。

ここではいろんな遊びの仲間に当てはまる、使いやすい名前を紹介しておきます。

- **勢いはすごいがちょっとヘマしちゃう人➡切り込み隊長**（失敗を笑い話に変えられるようなニュアンスを含みます）
- **経験豊富な年上の人➡顧問**（張り切りすぎなくてよいという、やんわりとしたメッセージも含みます）
- **優しく見守ってくれている人➡〇〇のお父さん／お母さん**（誰でもイメージが湧き、本人に責任感も生まれます）
- **新しい仲間を誘ってきてくれる人➡宣教師／エバンジェリスト**（崇高なミッションを背負ったような気分になってもらえます）

・**美味しいお店をよく知っている人⬇食べログ**（より張り切って食べログリサーチをしてくれることでしょう）

・**話をよく聞いてくれる人⬇ママ**（なくてはならない中心的な存在というイメージもつきます）

どうでしょう？　本当に少しの工夫だけですが、何も名前がない時と比べてちょっと楽しそうな化学反応が起こりそうな気がしてきませんか？

ただ、この役割に縛られすぎず、あくまで遊びと思って状況ごとにどんどん変えてしまいましょう。その分だけまた新しい気づきが生まれるはずです。

《一言まとめ》
あだ名をつけるだけで新たな化学反応が生まれる。

LEVEL 7　プチ主催者になってみよう

最初に大事なのは「誰かと一緒に始める」こと

さて、何か自分のちょっとした役割にも慣れてきたら、一度自分でプチ主催者になってはどうでしょうか。

いきなりハードルが高くなった気がしましたか？　確かにここで二の足を踏んでしまう人は多いです。

けれどもこのステップを踏むことで、セレンディピティ率が爆発的に上がります。そして何より、自分があまり何もしていなくても、どんどん新しい出会いが増えてくるというところがポイントです。

この時に**最初に大事なことは、「誰かと一緒に始める」**です。

言い出しっぺを2人でやるようなイメージですね。

何事も一人だけで始めるのは本当につらいことです。誰も参加してくれなかったらどうしよう。みんなが退屈してしまったらどうしよう。ドタキャンが続いて開催不可になったらどうしよう。

一人で考え出すとやっぱり不安の種は尽きません。

けれども2人で始めてみたらどうでしょう。

たとえば2人の共通点が「ラーメンが好き」ということであれば、美味しいラーメンが食べられる店に月1で行ってみる「ラーメン部」をつくろう、というだけでも充分です。

ただラーメンを食べに行っているだけなのに、それだけではない仲間感が生まれます。

そして毎回、「次はどのラーメン屋に行こうか」という話になります。

どこかで自己紹介をする際にも、「会社員をやっています」と言うより、

「月1ラーメン部の部長をしていまして、まだ部員は2人なのですが……(笑)」

と言うほうが話も驚くほど広がりますし、相手への印象も強く残るでしょう。

あわよくばメンバーになってくれるかもしれません。

仕事の話だけであれば、関係のない業界と思われたらそれでおしまいですが、このような間口の広い自己紹介であればゆるい距離感でつながることが簡単にできます。

ここでのポイントは、ただのご飯会や飲み会の予定なのに、2人以上いれば、それはラベルの貼り方ひとつで、広がりのある新しいネタに変わっていくということです。

ラーメン部の部長です
○○商事の部長です
楽しそう！
へぇ～

また、「○○が好きだからもっと仲間を増やしたい！」というキッカケよりも、もっ

と素朴な理由や、個人的なニーズに駆られたもののほうがむしろ続きやすくてよい場合もあります。

たとえば、**「痩せたい」と思っているけど続けられない人が、「ダイエット部」**をつくってみる。

自宅での筋トレを続けたい人を集めて、「筋トレを報告し合う会」なんかも結構いい感じで続いているケースが多いです。

最初は「痩せなきゃ」という個人的な危機感で嫌々始めていたのに、仲間と体験を共有していくうちにちょっとした達成感を覚え始め、いつの間にか筋トレが本当に好きになっていたりします。

きっかけは何でもいいのです。

人が集まって小さな目的を共有するだけで、そこにはもう素敵な新しい関係が生まれ始めているのです。

また、最初のテーマ設定でひとつだけ大事なことがあるとすれば、「裏目的をもとうとしない」ことです。

ダイエット部でも、実は裏でネットワーク商法の健康食品を売りたい……のような目的が隠れていると、その思惑は参加者にうっすらと感じ取られてしまうものですし、参加者の「環境的な安全」がなくなると場が長続きません。また何より、健康食品が売れないと続ける意味がなくなります。

まずはシンプルに、営利目的ではなく、ただ自分が続けたいものをやってみましょう。

具体的な始め方

実際に何か始めるテンションと仲間が見つかってきたら、みんなを集めるお誘いの方法を考えてみましょう。

ＬＩＮＥ、ＦａｃｅｂｏｏｋなどのＳＮＳを使うと便利ですが、集める人数や目的によって使い分けが必要です。

ここでは、簡単な順番にちょうどいいSNSの使い方やコツをご紹介します。

①まず友達同士で始めたい
②友達以外も誘いたい
③本格的に始めたい

①まず友達同士で始めたい

この場合は、LINEかFacebookメッセンジャーで充分です。

どちらかを使って個別に招待文を送るかグループをつくってしまうのが一番楽ですし、スルーされることもありません。

逆にFacebookのイベント作成機能だったり、Peatixなどのイベント作成サービスでつくってしまうと、参加してほしい人が情報を見落としてしまったり、使いこなせないという問題も出てきます。

日本人の場合は5人中4人以上がLINEを利用しているので、知り合い同士で少人数であればＬＩＮＥがもっともスムーズです。

また、比較的ネットにも明るい世代であれば、Ｆａｃｅｂｏｏｋは使っていなくてもメッセンジャーは仕事関係で使っている場合も多いので有効です。

②友達以外も誘いたい

ＬＩＮＥやＦａｃｅｂｏｏｋメッセンジャーでのメッセージグループでは、お互い知らない人がいると発言しにくくなりますし、誰かの不用意なスタンプや、通知機能が騒がしいと嫌な思いをする人も出てきます。

ただ、Ｆａｃｅｂｏｏｋできちんとしたイベントページをつくるのも面倒くさいですし、写真や文章などにこだわり始めてしまうとキリがありません。メンバーとも意見が合わずに嫌な気持ちになってしまうこともあります。

そんな時には、最近人気のサービスｂｏｓｙｕがオススメです。

これは、１００文字くらいで募集したい内容を書くだけで、あっという間に告知ページがつくれてしまう便利なサービスです。

これをＳＮＳにリンクして投稿できますし、参加したい人はワンクリックすればいい

bosyuを使った募集例

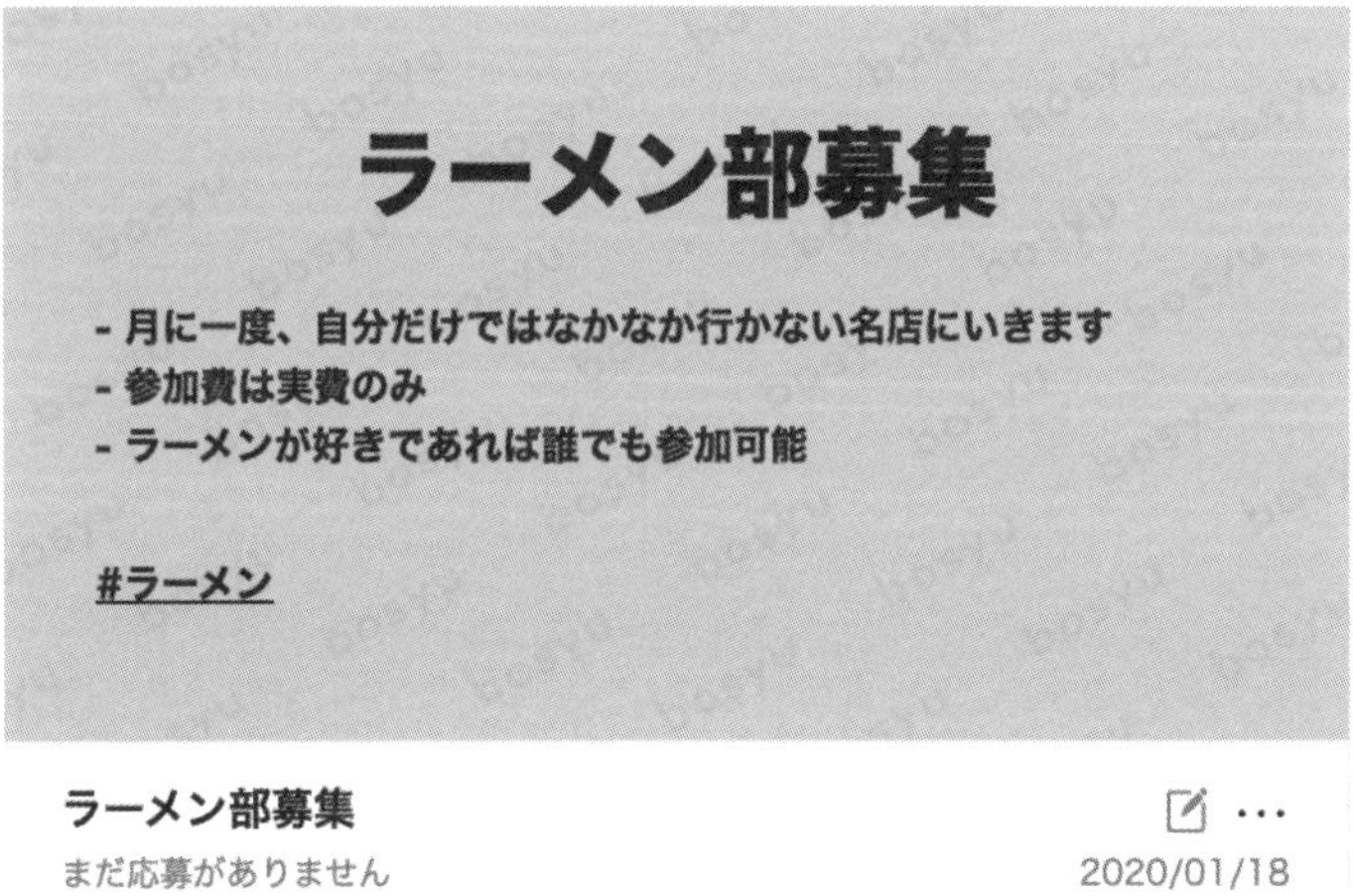
ラーメン部募集
- 月に一度、自分だけではなかなか行かない名店にいきます
- 参加費は実費のみ
- ラーメンが好きであれば誰でも参加可能
#ラーメン
ラーメン部募集
まだ応募がありません
2020/01/18

だけなので心理的な負担も少ないのです。

最近では会費の決済までできるようになり、ますます便利になっています。

③本格的に始めたい

何かを本格的にやっていこう！という場合は、ＦａｃｅｂｏｏｋグループやＬＩＮＥグループなどをつくっておくのが王道です。続けていく上で毎回誰に声をかけようかと考える手間が少し省けます。

ですが、ここで**重要なのは「まずは期間限定で試してみる」ということ**です。

たとえば「朝早起きして一緒にオンラインでヨガをするコミュニティをつくりたい」と思ったとしましょう。この場合、「まずは週

２回、１ヵ月間チャレンジ！」ぐらいに期間を限定にして始めてみることをオススメします。

「イマイチ盛り上がらなかったら１ヵ月でやめればいいんだ」ぐらいにハードルを低くしておくことが大事で、参加者にとっても終わりが見えたほうが参加しやすくなりますし、目標意識が生まれます。終盤につれて盛り上がり感も出てきます。

逆に、やめ時が分からない、抜けづらそう、という感覚は相手が重荷に感じてしまうのでよくありません。気合い入れすぎ、準備しすぎに注意です。

もしうまくいったらそれを継続していこう、ぐらいの心持ちが本格的に始める第一歩になるのです。

《一言まとめ》

たった２人からのスタートでも、人は興味をもってくれる。

LEVEL 8　ほどよい距離感でSNSを使ってみよう

Facebookでは自己主張より仲間探しを

ＳＮＳは連絡を取るには便利ですが、ずっと眺めていても人の生活がうらやましくなるばかりで自分の幸福度を下げるという研究結果もたくさん報告されています。

そして私の周りでも「ＳＮＳは正直苦手」という人は意外に多いです。

自分のプライベートをどんな温度感で出せばいいのか正解が分からない。そもそもマメじゃないので向いていない。そんな声もよく聞きます。

ＳＮＳ上では友達になっているけれど、イマイチ顔と名前が一致しないということもＳＮＳ全盛期ではよくあると思います。

セレンディピティに出会うには、ＳＮＳをどう活用していくのがよいでしょうか。

〈SNS投稿〉

林 勝明
○月○日　○○:○○

ゆる募
日本にいながらも、もうちょっとインターナショナルな空気感に触れたりするのに興味ある方！？
もしくはインターナショナルなお友達多いっす！その楽しさシェアしたい、という方よかったら教えて下さい！

自薦他薦も大歓迎です！月イチくらいで何か楽しい集まりをやるコミュニティを考えています！

私の場合は主に、なんとなくつながった無数の人たちの中から、〝意外に気の合う〟人を探し出すために特化して使っています。

子供の頃の遊びで「鬼ごっこしたい人、この指とーまれ！」というようなお決まりのフレーズがありましたよね。その言葉の勢いで、思わずそこに乗っかってしまった記憶はないでしょうか？

私は、**Facebookに関しては「この指とーまれ！」的な仲間を見つける目的で使います。**

私自身のFacebook投稿の中で、仲間がたくさん見つかったものをいくつかご紹介します。

これは、英会話学校に通うほどのモチベーションはないけど、たまには英語を使えるコミュニティがあれば嬉しいなという気持ちから投稿してみたものです（前ページ）。

この投稿の場合、コメントは2パターンに分かれます。

ひとつは、純粋に興味や協力のコメントです。

もうひとつは、自己表現のコメントです。

自分の周りには結構インターナショナルなつながりがある、という人からすると、コメントすることでちょっとした自己表現の機会になるのです。

こういった自分自身がやってみたいことを素直に書きつつ、**それを読んだ人の自己表現欲も満たすような場をつくるように心がけると、新しい仲間を探しやすくなるのです。**

もうひとつ同じような例をご紹介します。

〈SNS投稿〉

林 勝明
○月○日　○○:○○

ゆる募
ちょっと前に結構売れた本だと思いますが、『GIVE&TAKE 与える人こそ成功する時代』という本、最近読んでかなり味わい深かったので、もう少し理解を深めたいなと思い！

未読／既読にかかわらず、この本の内容に関心ある人いたら教えて下さい！
軽い雑談会をしたいと思います。
内容読まずに知りたいちゃんで全然ＯＫです。

これはベストセラーになった本について、みんなで一度雑談会をしようよ、という投稿です。
コメントする人は、自分が読書好き、または勉強家というステータスを表現できます。つまり、

「SNSはみんなの自己表現の場を提供するために使うもの」

と考えると気楽に付き合えます。
ちなみに、こうした投稿は多くても週に1回くらいのペースがオススメです。
私の場合は、5回に1回くらいです。

何か誘う目的の投稿ばかりが増えてしまうと、あまり印象がよくありません。基本的には、みんなと雑談する気持ちで投稿するのがオススメです。

誰もが少し疑問に思うこと、心のどこかで気になっていることなどをフックに書いてみると、たくさんの人が参加してくれる場になるでしょう。

Instagramで反応ハードルを下げる

2020年現在で言うと、20～30代の人はFacebookよりもInstagramをよく見ている印象があります。

ここでは、Instagramの「ストーリーズ」を効率的に使って新しいつながりを見つける方法をご紹介しましょう。

Instagramの「ストーリーズ」には、ちょっとしたアンケートをつくれる機能があるので、これを使って「はい・いいえ」の二択を選ぶことができるようにします。

私がよくやる方法ですが、今週の金曜日に予定が飛んで、ぽっかり空いてしまった……という時には、無邪気に「今週金曜ヒマな人?」というアンケートをつくってみます。

Facebookの場合はコメントするにも勇気が要りますが、こちらの場合は二択をするだけで、その答えは自分と相手にしか分かりません。

他の人に気を使うこともなく、お互いがこっそりとコミュニケーションすることができるのです。

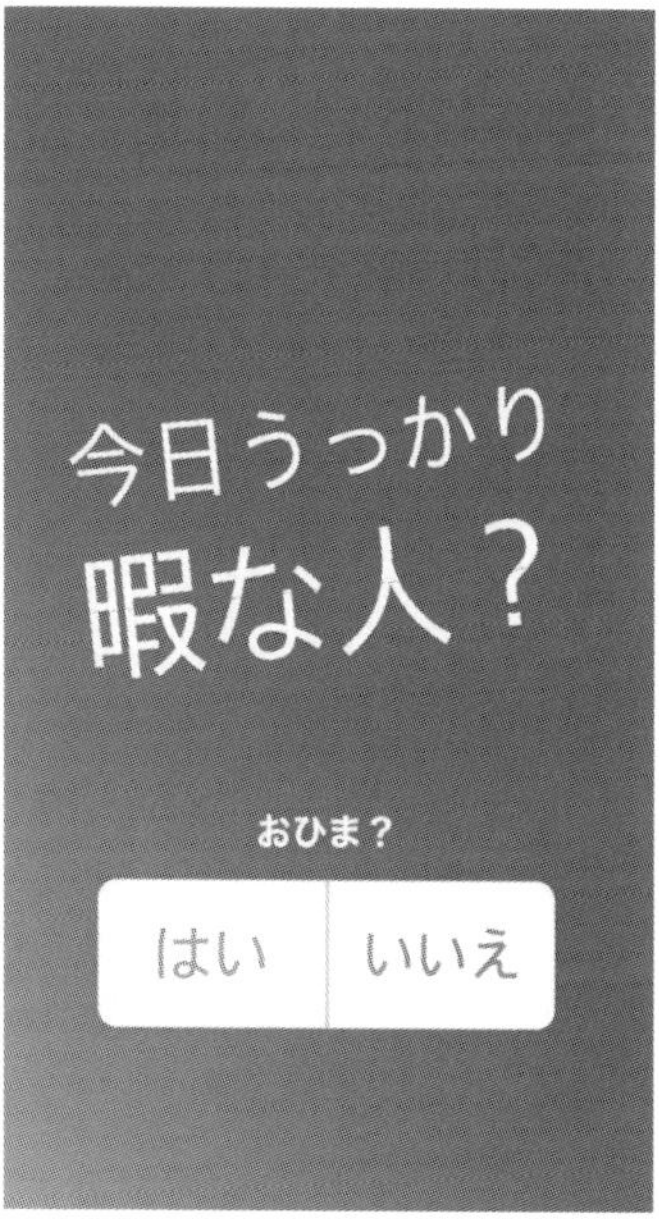

特にレスがなかった相手からしても、たかだかワンタップのアンケートなので気になりません。しかもストーリーズではやりとりの履歴も消えています。

呼びかけた私の側からすると、「はい」と答えてくれた人にだけ、さらにその中でも気の合いそうな人だけを選んで個別のレスポンスをすることも可能です。

他にも、たとえば美味しいカレーに出会った時、「この美味しさを誰かと共有したい！」、そう思ったら「ストーリーズ」のアンケートを使って、「カレー好き？」の質問を、メモリゲージで好き度を表すアンケートと一緒につくれます。

または、「一番好きなカレー屋教えて！」というお願いにしてみても、結構答えてくれる確率は高いです。

意外な人も反応をくれたり、「え、そんなお店あったの？」という意外なレスももらえます。

そんなふうに不特定多数にゆるく質問を投げかけて、それにゆるく答えてもらう中で、人の新たな興味に気づくことができます。

それに対して、「今度ここに行っ

てみない？」という話を振れば、すでにアイスブレイクや前置きが済んでいる状態になるので、お互いスムーズに話が進むのです。

ＳＮＳは何気ないつながりの可能性をやんわりと広げる場であると思って使えば、気楽に新しい出会いを楽しめるのではないでしょうか。

《一言まとめ》

SNSは自己主張の場でなく、仲間集めのツールとして使う。

LEVEL 9 マンネリから脱出してみよう

必要なのは3つの「ま」

自分で何かを主催するようになったら、その活動をもっと広めたいと思うようになると思います。

けれども、**そのコミュニティ愛が強ければ強いほど内輪感が強くなっていく**という問題がどんなコミュニティにも起こります。

こうなると、新しい参加者が入りづらくなり、メンバーが固定化して新鮮味もなくなり、元々いた人たちも離れていくことになります。

つまりセレンディピティからどんどん遠ざかっていきます。

こんな時には、

①まかせる
②まとまる
③まじる
という3つの「ま」が有効です。

①まかせる

これは会社の仕事でも同じですが、多くの人は何かをまかせられると予想以上にやる気になって、力を発揮してくれます。

逆に手取り足取りしてしまうと、どんどん受け身になってしまい、そのコミュニティに新しい風が吹かなくなります。

そうするとセレンディピティは起きにくくなります。

たとえば趣味のグルメサークルがあるとしましょう。

いつもお店を選んでいるリーダーがそれをやり続けていると、みんながリーダーの決断待ちになり、だんだんお店選びにケチをつけるようになったり、参加率が悪くなったりしてきます。

人間誰しも、何かしらの目新しさがないと飽きてしまいますよね。

そんな時は、お店選びを持ち回り制にするだけでも参加者意識が強まります。

こんな小さな「まかせる」でも、まかされた当人にとっては新鮮だったりドキドキがあるのです。

もちろんこの時に、第1章で紹介した「環境的な安全」は重要で、もし失敗したとしても責められるようなことがないように気をつけたいところです。

②まとまる

それでも今のコミュニティがマンネリ化してきたら、何かしらの共通点がある人たちと「まとまる」のが有効です。

たとえば会社の中で細々と活動してきた部活だけど、もう少し盛り上げていきたいと思った時は、同じビル内に入る他社の部活とまとめて「◯◯ビル部活ＤＡＹ」といった企画はどうでしょう。

5つから6つぐらい集まればお祭り感が出ますし、今まで関心をもってくれなかったような層もフラッと覗きに来てくれるかもしれません。

お祭りでも学園祭でも、ひとつの出店だけだったらスルーされてしまいますが、複数の店がまとまっていることで、通りすがりの人も立ち止まったり、どの店に行こうかという選択モードになりますよね。

お祭りやフェスなどは基本的にこういう法則のもとで盛り上がり、新しい風を取り入れていると言えます。

③まじる

一見全然関係ないようなコミュニティに「まじる」のも有効です。

たとえば、私の趣味のサルサダンスというものは、広くはペアダンスに属しています。ペアダンスは他にも、タンゴ、社交ダンス、ワルツ、バチャータ、キゾンバ、ニュースタイルハッスルなど色々ありますが、日本ではどれもまだ一般的には馴染みが浅いためか、同じ人がこのコミュニティ内を行き来している印象があります。

そもそもペアダンスの人口が少ない中で行ったり来たりしていても、なかなかそれ以上のものになりません。

そんな時には、ペアダンスが一切関係ないようなコミュニティと「まじる」のが効果的です。

私のサルサ部の場合だと、海外セレブのゴシップ情報やファッションを届けるメディアが主催しているパーティーとまじったことがありました。

私自身がたまたま主催者とつながっていたので、「ペアダンスって何か少しセレブっぽいよね」というだけの軽いノリで始まったコラボ企画でした。

実際、向こうはペアダンスなど一度もしたことがない人たちばかりで、異性の手を取るだけでも大興奮で始終キャッキャしていました。

終了後のアンケートでも「新鮮で楽しかった!」という感想が多く、私自身も新しい雰囲気を楽しむことができました。

それ以降は、全くダンスと関係ない集まりとのコラボに可能性を感じ、婚活パーティー、ビジネス交流会、単なる鍋会でも気軽な交流コンテンツとしてペアダンスを取り入れたりしていますが、これがとても盛り上がります。

一見関係ないようなコミュニティとまじってみる、それがお互いに新鮮な発見をもたらし、セレンディピティが生まれる場になるのです。

《一言まとめ》

まかせて、まとまって、まじってマンネリ解消。

LEVEL10 今までになかったものをつくってみよう

急いで歩くサラリーマンよりもゆっくり走ってみたら

ここまで来れば、あなたももうセレンディピティマスターです。スーパーマリオで言えば無敵のスター状態です。

人間関係で困ることも減って、日々新しい刺激を受けていることでしょう。

では最後に、今までになかった集まりを意識的につくってみましょう。

これができるようになると、新しい世界がどんどん広がり、より自分好みのセレンディピティに出会うようになります。

最初は決して何か斬新なもの、画期的なものである必要はありません。

ちょっとした不満や、さぼりたい、という消極的なマインドが実は今までになかったものをつくるヒントになるのです。

コツは次の４つのプロセスです。

①不満や不便を書き出してみる。
②それがない状態を考えてみる。
③少人数で実際に試してみる。
④楽しかったら、名づけてみる。

たとえば、六本木ヒルズのご近所さんたちが参加する部活コミュニティ「ヒルズブ！」の中で、「ゆるラン部」という人気の部活があります。

これは、ランニングが好きでもっとその裾野を広げたいと思った友人が発起人で、ポリシーは、

「急いで歩いているサラリーマンよりもゆっくり走る」

というものです。

ランニングしたいけど出社前に汗をかきたくない、ランニングに興味あるけど体力はない、という普通の部活であれば怒られるような後ろ向きのモチベーションをむしろ前向きに捉えて、みんなでゆるく走ろうというアイディアが元になっています。

このゆるさが受けてか、月2回の活動が何だかんだで6年も続いています。

この場合は、

①ランニングで汗をかきたくない。

②汗をかかないくらいにゆるく走ったらどうだろう。

③まず数人集めてやってみる。

④楽しかったので「ゆるラン部」と名づけてみる。

ということになります。

お酒が苦手な人が集まる飲み会を開いてみたら

他にはこんな例もあります。

飲み会に参加はするけど、実はお酒が苦手という人は結構いますよね。

そんな人は、お酒の場は楽しく話せるので嫌いじゃないけど、割り勘負けするのがちょっと不満だと言います。

私自身もちょうどお酒を控えようかなと思っていた時期でソフトドリンクを選びがちだったので、その意見には共感しました。

ソフトドリンクメニューといえば、烏龍茶、オレンジジュース、ジンジャエールあたりが定番です。

ソフトドリンクはそんなにガバガバ飲むものでもないので、それで大酒飲みと割り勘ではちょっと不公平です。

かと言って、割り勘を少なくしてほしいと自分から言うのはケチな奴と思われてしまいそうです。

こんな問題意識があったので、普段はちょっと買いづらい高級ソフトドリンクをたくさん買い込んでみんなで楽しむという飲み会を思いつきました。

募集してみたところかなり反響があり、知り合いつながりはもちろん、ＳＮＳで見かけたという全く初対面の人たちも遊びに来てくれたのです。


準備したものは1リットル５００円くらいのスイカジュースやザクロジュース、アーモンドミルクなどのちょっと高級なソフトドリンクです。

１人だと期待が外れるのも嫌なのでなかなか買いませんが、4~5人でも集まれば1人あたりの金額はたかが知れています。

普段はなかなか飲むことのない高級ソフトドリンクをみんなでちょっとずつ楽しめるので、かなりコスパがよいと思ってもらえたようです。

ちなみにその日は、みんなシラフでＹｏｕＴｕｂｅカラオケまでしてかなり楽しみました。

この場合は、

①お酒が飲めないので、割り勘で損している。

②お酒がない飲み会を開いてみたらどうだろう。

③高級ソフトドリンクだけの飲み会を開いてみる。

④楽しかったので「スナック のんある」と名づけてみる。

このようにちょっとした不満をフィーチャーするだけで、新しいつながりが生まれてきます。

そしてこれは**地球上にただひとつのユニークなコミュニティ**になり、そこではまだ小さいながらもあなたが見たかった世界ができていることになります。

それはまさに、あなたが生み出したセレンディピティなのです。

実は世紀の大発明や大成功したビジネスなども、身の回りのちょっとした不満から始まった例はとても多いのです。「論文が探しづらかった」から生まれたGoogle検索や、「ホテルが取れず見知らぬ人の家に泊まったら楽しかった」から生まれたAirbnbなどは有名です。

《一言まとめ》

プチ不満こそセレンディピティの種になる。

第4章

よくある不安Q&A

この章では実際の相談をもとに、セレンディピティってそれでもやっぱり難しい……というあなたのためにQ＆Aの対談形式でよくある不安にお答えしていきたいと思います。

悩み①

会社以外の友人ができません。（24歳男性／プログラマー／Aさん）

誰とでも気軽に遊べるゲームをしてみよう！

――こんにちは、Aさん。上京して1年経つけれど、会社以外の友人ができない、というのがお悩みなんですね？

「はい、兵庫から転職して上京したんですが。以前は会社でもそこそこ仲のいいメンバーがいたのですが、東京に出て来てからは、一人で黙々とやる仕事ということもあって、会社の中ですらまだそんなに親しい人はいません……」

――そうですか。それだと日常生活はちょっと寂しいですかね？

「そうですね……。一人で色々悩む時間ばかりが増えて。もどかしい気持ちがずっとあります」

――何か趣味とかはありますか？　やってみたいこととか？

「うーん、それが特にないんですよ。会社が終わったら疲れてしまって、家に帰ったらテレビを観て、スマホゲームをちょっとして、ＳＮＳを見ながらお酒を飲んで寝る。そんな感じです」

――その中で、一番楽しさを感じるのはどれですか？

「この中だとスマホゲームかな。ゲームしてる時は時間を忘れられますし、興奮というか気持ちが上がります」

――いいですね！　実は最近はスマホゲームだけでなくアナログのボードゲームも人気で、ボードゲーム専門店も増えているって知ってますか？

「いや、知らないです。僕の周りでは聞いたことないですね」

――最近は大学生なんかにも人気で、週末にボードゲームのお店に行ったら30～40席くらいのお店が常に満席になるくらい、世の中的にはじわじわ熱くなっているんですよ。そういう誰かリアルの人と遊ぶゲームってやったことありますか？

「学生の頃に大貧民とかＵＮＯとか、飽きずに結構よくやっていたかも」

——その時は楽しかったですか？

「そうですね、無駄に徹夜したりもしましたし。ワイワイやっていました」

——またそんな気分を味わえる仲間がすぐに見つかる、と言われたら気になります？

「どうですかねー。今は仕事もまぁまぁ忙しいし、わざわざそんなに時間をつくってまで遊ぶって考えるとちょっと面倒くさいです」

——ものは試し、ってことで一回やってみましょうか。

Ａさんが実際に体験したイメージを動画でご覧ください。
（有名ＹｏｕＴｕｂｅｒによるもので１６００万回も再生されている）

YouTube
ナンジャモンジャゲームがくそ面白かったwww

——どうでした、楽しかったですか？

「……めちゃめちゃ楽しかったです！　時間あっという間でした」

——初対面の人も結構多かったですけど、緊張しました？

「いえ、それはあんまりなかったですね。ゲームに集中していたので、そういえばそんなに気になりませんでした」

【解説】

ボードゲームは、セレンディピティ的な相性がとてもよいツールです。

なぜなら、特別な知識や技術も一切不要で、子供の頃のように無邪気に楽しめますし、初対面の人とでも変に気を使う必要がありません。

一定のルールがあるので、お互いのステータスが気にならずに、自己紹介抜きで気楽にコミュニケーションがとれる要素が凝縮されています。何回でも飽きずに楽しめるので「頻度」を高めるのにも優れています。

ボードゲームというと1〜2時間かかるようなものを想像する人もいますが、いま日本では毎年数千種類も新作が発売されており、5〜10分でサクッと遊べるものもたくさんあります。値段も1000〜2000円程度で買うことができます。

気になった人は、JELLY JELLY CAFEという有名店が全国にあります。そこでは1人でもふらっと遊びにくれれば、店員さんが1人同士のお客さんたちをつないでくれるような日もあります。

また、私自身も「ボードゲームで遊ぶ会」をオンラインでもオフラインでも定期的に主催していますので、ぜひご連絡ください。

悩み②

人前で面白い話ができません。（30歳女性／ウェブデザイナー／Bさん）

聞き役になるだけでも貴重な役割です！

「私は話が全然面白くなくて、人と会うのが億劫《おっくう》なんです。面白い話もできないのに、時間を無駄にさせてしまっているような気がして申し訳なくなっちゃって、さらにうまく話せなくなります」

――なるほど。それで新しい人に会ったりするのがつらくなってしまうんですね？

「はい、社会人になってから正直、仲のいい友達ってできてないかもしれません。何だか人の目ばっかり気になってしまって」

――そうなんですね。じゃ、人と会う時に気持ちが楽になる方法があれば、だいぶ安心できそうですね？

「そうですね、そんな方法があればぜひ知りたいです」

――ちなみに、あなた自身が会ってホッとする相手、気持ちを許せる相手ってどんな人ですか？

「昔からの地元の友達くらいですかね。何を言っても許されるし、気が楽です」

――その地元の友人たちって、何か特別すごいメンバーなんですか？

「うーん、そういうわけではないですね。みんな仕事も普通ですし。ただ受け入れてくれるというか、安心感があるというか」

――そうですか。そうすると、そんなに自分が面白い話をしなくても、誰かといい関係になれたりすることはできるかもしれませんね。

「どういうことですか？」

――ちょうどあなたが言ったように、誰かに対して、ただ受け入れてあげるような人になるっていうのはどうでしょう？

「なるほど。でも、それは幼馴染とだから、昔から全部知っているからできることのような気がしますが……」

――もちろんその要素はあると思います。でも、それだけでいい関係がつくれるなら、一度試してみてもいいんじゃないでしょうか？

「うーん」

――よかったら私が開催している「ただ聴く会」に来てみてください。見知らぬ人たちが集まって、本当にただみんなの話を否定したりせずに聴くだけです。

「はぁ……。それだけですか？」

――そうです。それだけなんですが、不思議なことにそこから恋愛に発展したり、仕事でつながったりした人たちも結構いるんですよ。

――どうでしたか？

「本当にただ聴いてもらうだけでしたが、なんかとってもすっ

YouTube
ただ聴く会の
様子動画

きりしました。自己紹介も何もしないで始まるのが新鮮ですね」

――そうなんです。お互い顔を見ながら話すけれど、名前も肩書きも一切明かさないまま始まるので、変に気にせず話したいことを話せると、それだけでも結構すっきりしますよね？

「いつも自分の話は面白くないから早めに切り上げてしまうんですが、みんなが聴いてくれるっていう前提があったからか、安心して話せました」

【解説】

こんなふうに、話し方・聴き方をちょっと工夫するだけで、意外とすぐに人は打ち解けられたりするものです。

この形は誰が聴いてもそこそこ成り立つので、4～5人からの小さな集まりでもぜひ試してみてください。

話す時間は一人2～3分と決まっているので、多少話の興味が合わなくても全然我慢できますし、対面だけど匿名、という不思議な感覚が人を少し大胆にさせたり、心を開かせてくれます。

また第1章でも、幸福度が最大化する出会い頻度の目安を「年間100時間」（週に換算すると2時間ほど）と書きましたが、そんなに頻繁に何かをするネタはないよ！という方は、「人の話をただ聴く」ということを定期的にやるだけでもいいのです。変に気合いを入れてエンターテイメントを用意する必要はありません。

また、私のFacebookをフォローしていただければ、「ただ聴く会」を適宜開催しています。友達がいなすぎでどうしようもない、という人こそウェルカムです。自分自身が本当に友達ゼロだった経験からも、こういうのがあれば助かったな、という場所をつくれたらと思っています。

悩み③

いい出会いがない、あっても続かない。（35歳男性／大手ＩＴ企業社員／Cさん）

↓

コスパの高い趣味、ペアダンスなどいかがでしょう？

――お悩みは、異性との出会いについてですね。

「はい、合コンや出会い系アプリなども一通りやってはみたものの……という感じです」

――ご自分では、何が理由だと思いますか？

「そうですね、出会い自体はなくはないですが、恋愛や結婚とまで考え出すと、そこまで踏み込めずにいるという感じでしょうかね……」

――会社名やご年齢的にも、出会い系アプリなんかだと人気ありそうですけどね。

「会ってみませんか、というお誘いはちょこちょこいただきます」

――でも続かない？

「そうですね。以前の彼女と比べてしまったり、もっと他にいい人がいるんじゃないかなと気になったり。そうこうしているうちに連絡を取らなくなって……というパターンが多いかも」

――自分で選ぶのって結構大変ですよね？

「そうなんですよ。こういう出会いがうまくいっていた時って、学生の時とか、会社の若手だった頃とか、そういう時はなんだか自然に付き合いに発展していたような感じだったんですが」

――もしかすると、人と会う頻度かもしれませんね。大学のゼミとかサークルの時って、最初そんなにタイプじゃなかったのに、なんか気になってきた、みたいなことありませんでしたか？

「確かに、結構ありましたね。ツンとしてる人だと思ってたら意外と可愛気のある一面を見つけたりして、気になり始めたことがあります」

――心理学でも単純接触効果というものがあるのですが、人間は何度か会っていると自然と心が打ち解けてくるんですよ。

「なるほど、それはあるかもしれません。でも、気の進まない相手と我慢して会っていけるということでしょうか」

――毎週顔を合わせるような趣味のサークルとか、曜日が決まっている会員制のバーとかいいかもしれません。

「ちょっとハードル高そうだな」

――そういうことなら、何か「やらなきゃ！」と思っていることとセットにして、無理矢理にでも自分を働かせてみましょう。今「やらなきゃ！」と思っていることってあります？

「年齢的にメタボとか健康ですかね。でもランニングや筋トレって続かないんですよ」

――それならばぜひダンスをオススメします。ペアダンス、やったことあります？

「いやいや、一切ないです。リズム感ないですし」

——だいたいみなさんそう言いますけど、あなたみたいな男性がダンスしたらめちゃめちゃモテますよ。テンポ的には盆踊りくらいですし、運動にもなって、モテて、いいことばっかり。

「そんなに美味《うま》い話あります？」

——ものは試し、一度このＹｏｕＴｕｂｅ動画を観てみてください。

「これはちょっとヤバいですね。セクシーすぎないですか？
これは無理」

——でもこれ、よく見てみると、激しい動きをしているのは

YouTube
Salsa Social Dancing

女性だけで、男はわりかしじっとしているんですよ。私自身の経験で言うと、男は１〜２ヵ月だけ我慢してしっかり練習すれば、かなり楽しめます。

「1〜2ヵ月練習か……。ゴルフみたいなもんですね」

――そうですね。ゴルフは行って帰ってが大変ですが、こういうダンスは踊れる場所ってラテンバーみたいな名前でいっぱいあるんですよ。仕事帰りにも行けます。チャージ１５００円くらいですし。

「うーん、ちょっとまだできる気はしないけど……」

――そしたら、まずはこのあたりのコミュニティをオススメします。先ほどのダンスみたいにセクシーすぎないですし、普段着でできます。野外でオープンに練習会などもしているので通りがかりのフリをしてぜひ覗いてみてください。

Instagram
zabu_newstylehustle

【解説】

だいたいの男性にペアダンスの話をするとこのパターンになります。

最初は馴染みがないので不安になりますが、年齢層や雰囲気的にフィットするコミュニティが見つかれば、運動になる、男女問わず人との出会いが増える、外国人ともダンスをきっかけに知り合いがすぐできて交友関係が広がる、などかなりメリットは多いです。海外旅行先でも、ダンスをきっかけにすぐ友達ができます。

また、このダンスは必ず誰かと一緒にやるものなので、0章で紹介した各理論とも相性がとてもいいのです。

今後、オンラインが主流かつ安価な楽しみになっていくと言われる中、五感をフル活用したダンスのような交流は、逆に希少価値が上がっていくと予想されています。

悩み④

プライベートの時間がない。（30歳女性／広告代理店勤務／Dさん）

それ、ビデオ通話で全部自宅からでもできます！

――なるほど、平日は夜遅くまで会社の仕事で、身の回りのことと睡眠で精一杯。新しい出会いや趣味なども本当は欲しいけど、時間がとにかくないということですね？

「そうなんです。新しい人にも色々出会わなきゃって思いつつも、どうしてもそこまでの元気が出なくって……」

――なるほど。そんな中でも今一番楽しい時間って何かありますか？

「うーん、仕事は結構楽しいです。なので、やりすぎちゃうところもありますね」

――仕事はどういう部分が楽しいですか？

「広告制作の仕事なので、いい作品をつくるためにみんなで議論して、どんどん答えに近づいている感覚が一番ワクワクするかも」

――完成の時よりもその過程のほうが面白いというのはユニークですね！

「言われてみるとそうかもしれないです。いろんな違う人の意見を吸い取って自分なりに解釈したり、アイディアのキャッチボールしてみたり、そういうのは好きですね」

――コミュニケーションがお好きなら、仕事以外でもすぐに楽しい仲間もできそうですね。

「学生時代はかなり人付き合いもよかったんですけど、どうしても時間の拘束が増えてしまうと……」

――それなら、私のやっているＺｏｏｍ飲み会、覗いてみます？

「Ｚｏｏｍ飲み会……聞いたことありますけど、楽しいんですかね？」

――じゃ、ちょっとまずは覗いてみますか？　これは全員がほぼ初対面同士なんですよ。

「ほんとに？　だいぶみんな親しそうにしてましたけど」

――いくつか小さなコツがあるんです。

Youtube
Zoom 飲み会
Air スナック 旅編

①旅行とか恋愛など、みんなが参加できるテーマにする。
②通話だけでなくチャットも同時に活用して全員が参加しやすいようにする。
③1人が話す時間の目安を決めておく。
何といっても通話自体のクオリティーが上がってきているので、全然ストレスはないです。

「確かにこれならお金もかからないし、会社からもつなげちゃいますね。旅行の話とか楽しそう」

——ですよね？　実際に初対面同士ながらも「今度遊びに行きます」なんていう話が出たりしますよ。

「これなら仕事が忙しくても、ちょっと覗いたりできますね」

——はい、朝の時間なんかだと通勤しながら、発言はせずに視聴するだけで参加している人もいたりします。

「内輪のラジオみたいでちょっと楽しそうかも。こんな感じで毎週やりとりしてたら、たしかに人として気になって、出会いにつながるかもしれないですね」

――実際にこの縁から始まったリアル飲み会もしています。いつも画面だけで見ていた人がリアルに現れるだけで、昔からの親友に会ったみたいとか、芸能人に遭遇したみたい、という感想などもありました。最初からリアルで会うより、すでに親しみが生まれているので、初めてでもストレスもなく本当に楽しいですよ。

【解説】

２０２０年の新型コロナによる外出自粛で、急激に知られることになったオンライン飲み会です。それ以前では「オンラインで集まって楽しいの？」という反応が多かったですが、一度でも経験すると意外にすぐ慣れて、便利なツールだという認識が広がってきました。

「Ｚｏｏｍ飲み会をやってみたけどあまり盛り上がらなかった」という残念な声も時々聞きますが、これは「飲み会が盛り上がらなかった」と全く同じことです。オンライン飲み会が悪いというわけではありません。

結局どういうメンバーが集っているのか、その中で何をするか、工夫できることはいくらでもあります。ここまで読んでくださった方ならきっと楽しいオンライン飲み会ができると思います！


また、他にもどんなＺｏｏｍ会があるのか気になる方はぜひこちらに参加してみてください。飲み会に限らずＺｏｏｍを使って様々なコミュニケーションを試してみる会をしています。

毎回新しい参加者もいますし、業種も年齢もバラバラで、セレンディピティにつながるコミュニティになっています。特に会費などもありません。

Facebook
ZOOMの小部屋（仮）

第5章

想像してみよう
セレンディピティのある生活

セレンディピティあふれる近未来とは？

ここまで様々な角度から、セレンディピティ感覚をどうやって高めるかということを見てきました。

セレンディピティは、とんでもなくスマートで先進的なテクノロジーが必要なわけではなく、ちょっとした工夫を組み合わせることでその確率を飛躍的に高めることができるというのは、これまで書いてきた通りです。

さてここからは、今から数年後の近未来、セレンディピティあふれる日本の姿をイメージして、ちょっとした物語形式で話を進めてみます。

明るく楽しい未来を想像しながら、しばしお付き合いください。

◆
◆
◆

２０２Ｘ年、新型コロナのパンデミックはついに終息した。

人々が出会いの貴重さを再認識した今、セレンディピティという概念が熱い注目を浴びている。そんな中、日本の民間団体がつくった規格「Ｓマーク」が話題だ。

Ｓマークのは、セレンディピティの頭文字であり、その他にもサプライズ（驚き）、セーフ（安心・安全）の要素もあるという。

飲食、旅行、エンターテイメント、会社経営の手法など業種業態にかかわらず、このマークの加盟グループは、「新しい人との出会いの場」を提供し、それをいかに安心・安全に実現するかという視点でユニークな取り組みを行っている。

そんなトレンドが注目されている時代の、とある男性の一日を追ってみよう。

主人公：
玉野 幸人（タマノ ユキト）：不動産×ＩＴがメインの企業に勤める30歳。仕事にもだいぶ慣れてきたので、何か自分が熱中できるものを見つけたいと思っている。都内で一人暮らし、本を読む時間が一番好き。

玉野がいつものように朝7時に目覚めると、スマートスピーカーが今日の天気と、週末のイベントをいくつかオススメしてくれる。

今日のオススメはイマイチだったが、とある著者の出版記念イベント情報を聞いて、何か新しい本でも読みたい気分になった。たまには本屋にでも行ってみるかと思い、早めに出社の支度をする。

最近は玉野の会社でも雑務のＡＩ化が進んで、実際少しだけホワイトになってきている。社長も世の中のトレンドに敏感で、「ＡＩでもできる仕事じゃなくて、何か新しい事業の種を外で探してこい！」と出社時間は結構ゆるくなってきた。

そんなこともあり、今朝は会社近くのブックカフェ「縁喫（エンキツ）」（Ｓマーク認証店）に寄ってみることにした。

純喫茶をイメージしたこのブックカフェは最近SNSから人気になった店で、なんと相席システムがある。

といってもよくある相席居酒屋のような、奢《おご》られ目的の若い女子と下心のあるオジサンばかりが集うような出会い系ではない。

通常の席の他に相席OKエリアがあり、そこに座るとコーヒー1杯とフレンチトーストがサービスで付くのだ。これが利用者にありがたい、ちょっとした言い訳になっている。「お得だから会員になってみたんだよね」と。

相席エリアは会員制がベースなので皆身元の確かな人たちだし、非会員エリアと比べて椅子もテーブルも高級素材で少しの優越感もある。

席はテーブルを挟んだ二人席が基本で、だいたい満席になるため基本的に相席だ。

衛生に気を使って隣席との間に透明のシールドもあるが、話したい時には話せるように、ボタンひとつで話し声は2人だけに聞こえる高度な機能まである。

会員同士なので、お互い話しかけてもOKという共通理解はありつつも、何か話さなきゃいけないという強制があるわけでもない。

ただし向かい合う人には、「相席いいですか?」と一言聞くのが礼儀というかルールになっている。この簡単なルールがあるだけで不思議と会話が楽になる。

慣れてくると毎朝の占いみたいで、どんな人に当たるのか少し楽しい。

相席から友人になったり、恋愛にまで発展したというケースもSNSでは噂《うわさ》になっていて、実は高度なマッチングテクノロジーを駆使して会員を選出しているのでは?と噂になったが、そこについては公表されていない。


あくまでもブックカフェなので、基本的にみんな本に興味がある人たちだし、何か読みたい本を手にしているが全員が真剣に読んでいるわけでもなく、それぞれ作業をしたり、ぼーっと物思いにふけったりもしている。

会員制の安心感もあってか、置いている本について「その本どうでした?」なんて聞くのは割と自然な空気感でもある。変に名刺交換するよりも、その本がカジュアルな自己紹介のツールになっているのだ。

いちいちお決まりの自己紹介をしなくてもよく、本を見つつ雑談をすればいい気楽さは玉野も気に入っている。

ちなみに今日の向かいの女性は、手元にサウナ雑誌を置いていたので気になって話しかけてみた。

玉野「サウナ好きなんですか？」

女性「そうなんですよ。一時期仕事が忙しすぎてプライベートの時間も全然なくなっちゃって。でも週末にサウナ行くだけでもかなり元気になるんです」

玉野「へー、最近、結構いいサウナが増えてるって聞きました」

女性「そうなんですよ！　地域によっても全然特色が違って。最近は地元の食材をつかって美味しいご飯出すところも増えてて、旅先では絶対調べて行くんです！」

サウナは男の趣味というイメージが強かったので、興味が湧いてついつい話し込んでしまった。

ここでは誰も名刺交換はしない。その代わりに、入店した際にSNSアカウントでログインしているので、席のボタンを押すだけで自分のSNSのQRコードがシールドに表示される。連絡先交換もとてもスムーズだ。

気づいたら出社時間も近いので、その女性とはInstagramを交換してカフェを出た。

*

彼女のアカウントをちらっと見ると、かなり気合いを入れて全国のサウナ巡りを友人たちとチームになってしているようだ。

ちょうど仕事でも、心落ち着くマインドフルな場所をつくる新事業が話題になっていたので、少し真面目にサウナのトレンドも調べてみることにしよう。

こんなふうに、普段の自分の生活だけでは見つからない意外な出会いや発見があるのがこのブックカフェのいいところだ。

さて、会社に着いて一仕事すると、ランチタイムだ。

Sマークを最近取得した玉野の会社では、先日ニュースにもなっていたが、「Lucky Lunch」というユニークな仕組みがある。

社内の誰かとランチをしたい時、自分に合った頻度（毎日、週1、月1など）を選び、都合のつきやすい時間帯を決めたら、あとはシステムが勝手にペアをつくり、社内のスケジューラーに提案してくれるというものだ。

都合が合わなければキャンセルしてもいいし、社内のデータベースと紐《ひも》付いているので、なんとなくどんな人なのかは事前に心構えもできる。

面白いのは、同じ部署の人とはほぼマッチングしない点だ。

そのおかげで普段あまり話さないバックオフィスのメンバーとも仲良くなって、経費精算についての揉め事が減ったという話も聞く。

他部署の人間と会議という場で話すと、どうしても要件だけになってしまいギスギスすることがあるが、仕事以外の場で知り合っておくと、新しい話は実際生まれやすい。飲み会のように誰か幹事が調整に汗をかかなければいけないわけでもなく、非常に効率的な社内活性化だと評判だ。

リモートワークはすっかり定着して出社は完全に選択性なのだが、社員食堂の美味しいランチとこのセレンディピティシステムが好評で、他社と比べて自主的な出社率は20％ほど高いらしい。

社食のテーブルにはカジュアルなボードゲームがたくさん用意されている。「真面目に仕事の話ばっかりしてないで、食事の時ぐらい違う話でリフレッシュしてみては？」という社長のアイディアらしい。たしかにスマホやパソコンを開きながら話をするよりはだいぶ和やかな気分になる。

今日の「Lucky Lunch」は、エンジニアの瀬里《せり》という女性とのマッチングだった。一見おとなしそうな雰囲気だけれど、話し方はとてもテキパキしていて仕事ができそうだ。玉野は最新技術のことはさっぱりなので、エンジニアの仕事の話をされても正直ちょっとついていけない。

なので、このアナログゲームの用意は結構助かっている。

玉野と瀬里は、話題を決めてくれるサイコロを振ってみる。

懐かしの人気テレビ番組『ごきげんよう』のように、そのサイコロの6つの面には「最近気になる話」とか「小学生時代の私」といったお題が書かれていて、サイコロを振った人は、出た目をお題に3分間ほど話をするというゲームだ。

出た目は「最近落ちこんだ話」だった。

普通ならわざわざこんな話は社内でしないけれど、かといってそんなに隠すことでもない。

ゲームの指示のまま、玉野は仕事の新規事業計画で少しつまずいていることをポロッと話すと、瀬里は「それならちょうどいい知り合いがいますよ」と意外な助け舟を出してくれた。

実は瀬里は近々起業を考えていて、社外でアドバイスをくれる人たちとちょこちょこ交流しているらしい。

そんなアクティブなキャラではないと勝手に思っていたが、それも自分の思い込みだったのかもしれない。この話題サイコロはこういう勝手な先入観もいい具合に解いてくれる。

意外に話も盛り上がり、今朝のブックカフェで会ったサウナ女子のアカウントの話を少ししたところ、瀬里もサウナに最近ハマっていたのでこの子のアカウントをフォローしていたらしい。

観察眼がするどくて、施設の細かいサービスやフードメニューのことまで行き届いているので、サウナ女子の間ではかなりの注目アカウントだとのこと。

何でも話してみるものだ。

おかげで玉野はますますサウナに興味が湧いてきた。

午後からは札幌への出張があったので空港に向かう。札幌近郊に建設予定のシェア別荘関連の打ち合わせだ。

たいていのことはリモートワークでも片付く時代だが、実際の建設予定地の下見や、現場の人間とリアルで顔を合わせることは何より大事だと玉野は思っている。

ちなみに会社のおかげでビジネスクラスのラウンジを使っているが、最近Ｓマーク認証を取ったというこの航空会社では、ちょっと面白いサービスが始まっている。

少しでも快適なフライトや旅の縁が生まれればということで、フライト前にラウンジでちょっとしたリラックス・エクササイズを無料で受けることができるのだ。

参加する前にＱＲコードを読み、フライト目的もタップで選ぶ。特に個人情報は入れる必要はない。

その一覧が今日のビジネスクラスの搭乗者分だけ可視化されると、さすがに15時なので８割は出張者の様子だった。

手を後ろで組んで背中を反らせるエクササイズや首筋を伸ばすエクササイズを5分ほどすると、なんとなく自然な連帯感も生まれ、隣になったやたら体格のいい中年男性に「どちらまで行かれるのですか?」と玉野は話しかけてみた。

男性「今日は小樽なんですよ。どちらに?」
玉野「私は札幌です。小樽は美味しいものも多くていいですね!」
男性「そうそう、東京でも人気のチェーン店は小樽発が多いんですね」
玉野「そういえば最近また増えてますねー。結構珍しいネタが多くて好きです」

業界は違うようだが、とりあえず食べ物の話で盛り上がる。一人出張なのでこんなちょっとした雑談ができるのも悪くない。

彼は札幌出身で地元グルメには結構詳しいようで、時間が合えば飲みにでも行こうということになった。

玉野がパッと見た印象だけだと、自分のようなモヤシ人間とは縁がなさそうな体育会系という印象だったが、意外にも謙虚で気のいいおじさまだった。

＊

さて、フライト時間が来て飛行機に乗り込んだ。

座席に差し込まれているパンフレットに記載されたQRコードをスマホで読むと、旅の目的や食事の好みなどいくつかの選択肢からタップする。

そうすると、匿名ながらビジネスクラスに乗っている人たちの好みの一覧が可視化される仕組みになっている。

邪魔されたくない人も当然いるので、席の場所などは分からない。あくまで「こんな人がいるんだ」程度で楽しんでもOKだ。

自分と趣味嗜好が合いそうな人や、とても気になる回答をしている人がいた場合、その人の名前（またはニックネームやSNSのアカウント名）をタップしてみてInstagramやTwitterなどSNSを公開していれば、お互いの情報が分かるような仕組みになっている。

ビジネスクラスなのである程度安全な人たちだろうという安心感があるためか、意外にも情報公開者は多い。

他の人はいったいどういう境遇でこの場に居合わせているのか、よくよく考えてみると、ただ雑誌を眺めているよりも興味深い情報でもある。

今日のフライトで玉野が気になった人は、質問事項に、「趣味：釣り、好きな食べ物：寿司、仕事：歌手、今の気持ち：ドキドキ」と回答していた女性だ。

勝手なイメージだとディナーショーを控えた中堅の演歌歌手かなとも思うが、いったいどんな人なんだろう。気になるので名前をタップしてみた。

するとSNS情報はオープンの人で、Ｉｎｓｔａｇｒａｍのアカウントが分かった。まだ若く20代中盤ぐらいの弾き語りフォークシンガーのようだ。この歳でビジネスクラスに乗るとはなかなかのやり手だろう。

Ｉｎｓｔａｇｒａｍの動画を見てみると歌も相当上手で、しかも曲名が『イワシとわたし』や『タコの気持ち』など、なぜか魚介類しばりというかかなりユニークなテイストだ。

こんなアーティストも普通に過ごしていたらなかなか出くわさない。今度ライブにでも行ってみようかと玉野は思う。

さすがにDMを送るのも面倒臭いオジサンのパターンだなと思い、ひとまずフォローをするに留めておいた。

何かがすぐに起きるわけではないけれど、こんな予想外の発見がある空の旅はちょっと素敵だ。

＊

無事に札幌に着き、取引先との仕事と接待を終えたのが21時半。このままホテルに帰って寝るのもちょっと寂しいので、最近話題のスナックに行ってみることにした。

ここ数年、スナックにも新しい風が吹いている。

昔ながらの常連さん相手にカラオケとママの魅力だけでやっているような店だけでなく、一見さんでも入りやすく、でも自然と同じ趣味の人たちが集えるような、テーマ性をもったスナックだ。

今日のお目当ては「スナック 旅人」（Sマーク認証店）という店だ。

このスナックは、言うなればバックパッカーのゲストハウスラウンジがそのままお店になったような雰囲気で、全国に12店舗あるらしい。

ママになるのは基本、旅好きな人なので、どこのスナックに行っても楽しい旅行話ができるし旅行者や出張者も集いやすい。

以前、沖縄の「スナック 旅人」に行ったことがあり、そこでは新しい旅友達ができて現在も交流が続いている。


居心地のいい空間をつくるため入店には軽い承認制を取っており、「スナック 旅人」のアプリを開いてFacebookにログインすると、今日来店しようとしているメンバーが行ったことのある国々を先に眺めることができる。

今日はアルゼンチン、ケニア、イスラエル、フィンランドと、どこも最近玉野が気になっていた国だったので行く前からすでに楽しみだ。

こういったさりげないシステムで満足度やリピート率を高めて、ドタキャン率を抑え

ている と聞く。
昔からスナックの真髄は、お酒や食べ物ではなくてママや集まる客の人間性にあるという記事を読んだことがあるが、まさにそれをアップデートしたような魅力がここにはある。

旅の話はだいたい盛り上がる。
今日の他のお客さんは全部で5人と多くはなかったが、玉野はこれくらいの少人数のほうが落ち着ける。
話は自然と旅で起きたセレンディピティの話題になり、最近フィンランドに行ってきたという大学生の女の子が、サウナ大国フィンランドの本場混浴サウナでたまたま元カレと出会ってとてつもなく気まずかったという話をしてくれた。

玉野「そんな偶然あるんだねー。それは気まずすぎる！」
大学生「いや、ほんとに。よりによってみんな裸の混浴サウナでバッタリはマジでびっくりですよ。別にそんなに嫌な別れ方してたわけじゃないんで、全然いいんですけど」

玉野「でも2人ともサウナ好きなんだねー？」

大学生「サウナは超いいですよ。旅先でも絶対調べて行きますもん。サウナでがんがん汗かいたらご飯も全然美味しさ違いますよ〜」

玉野「そういうえばちょうど今日の朝も……」

と、玉野は今朝のブックカフェでちょうどサウナ女子に出会ったという話をしたところ、なんとそのサウナ女子と大学生はかなりの仲良しらしい。

お酒もほどよく回ってちょっとおせっかい気味の大学生は、「今度一緒に飲みましょうよー！　絶対2人気が合いそう！」と言って聞かない。

ちょうどあのサウナ女子のアカウントを今日何度も見たせいで、玉野もなんだか勝手に親近感が湧いてきた。

それも楽しいかもしれないな。

今日もなかなかセレンディピティの多い一日だった。

◆
◆
◆

いかがでしたでしょうか？

この話はすべて架空ですが、既存のテクノロジーで実現可能なものばかりで、近い未来に現実になるのではないかと思っています。

お伝えしたかったことは、ちょっとした環境づくりの配慮や、ＩＴツールなどのサポートによって、人はもっと気軽に出会いやすくなるということです。

ちなみに、物語内で玉野の会社の社員食堂に「Lucky Lunch」というシステムがありましたが、これはＧｏｏｇｌｅ社内で社員の自発的なプロジェクトでつくられた「Ninja-Lunch」という実在するシステムを元にしています。

また、物語の中に出てきた「Ｓマーク」（セレンディピティ連携規格）はまだ私の構想段階で実在していませんが、興味をもってくださる方も多く、実現しようと進めています。このような取り組みや連携にご興味ある方はぜひご連絡ください。

現在、飲食業界やインテリア、食器、教育、ゲーム業界など様々な方々とセレンディピティをテーマにしたプロジェクトを進めています。

セレンディピティを一緒につくりませんか？

ここまで読んでくださったみなさんなら、「このくらいなら私にもできるかもしれない」と思ってもらえたポイントもいくつかあったのではないでしょうか。

セレンディピティへの第一歩は、まずは気分転換に普段歩かない道をゆるっと散歩してみたり、誰かに会ったら「最近結構ヒマだよ」なんて言ってみることから始まります。

私自身、自分の狭い視野から少し離れて、

「そんなに気乗りはしないけれどもちょっとヒマだから……」

「アイツがそんなに言うなら一度くらい行ってみるか」

そんな軽いノリでついて行ったところから様々なセレンディピティが始まりました。

新しいことを始めたり、新しい人に会うのは最初は誰でも億劫です。人間８割が人見知りですから！

けれどもお互いそう思えたなら、世の中はそんなに怖く見えません。

それでもまだちょっと難しい……不安……そう感じることがあっても心配しないでください。人は本を一冊読んだくらいでそんなにすぐには変われない、これは私自身もよく感じて反省するポイントです。

自分を追い込む必要はありません。

この本を読んで少しでも役に立ったと感じてもらえたら、天気がよい日に散歩でもしながら思い出してみてください。

私の書いてきたポイントもきっと頭の中でスッキリ整理されていくと思います。

さらに余力のある人は、私のSNSなどでぜひつながってください。オンライン・オフライン問わずに様々なコミュニケーションやセレンディピテイの実験をしています（※Ｆａｃｅｂｏｏｋなどの申請の場合は一言メッセージを添えていただければ助かります。もちろんフォローなどはいつでも喜んで！）。

この本で書いたように、心理的・生物的な安全を第一に考えて、テクノロジーや環境を含めてそれをより広げるような取り組みを進めています。

いかがでしたでしょうか？　セレンディピティが少し身近に感じられましたか？

予測できない時代に怯《おび》えるのではなく、

ほんの少しのコツから安心できる環境を見つけ出し、

予想外の方向に転がる素敵なセレンディピティを一緒に楽しみましょう！

あとがき

ここまでお読みいただきありがとうございます。せっかくですので最後に、何かすぐに役立つ情報をお届けできればと思います。本編ではカバーしきれなかった、実在する素敵なセレンディピティ・スポットやコミュニティをいくつか紹介させてください。

100人カイギ【地域のセレンディピティ】

その街で働く、または住む100人を起点に「実は身近な人たち」をゆるくつなぐコミュニティ。日本全国40ヵ所以上に広がっている。アイスブレイクも必ずあり、全国共通の安心感と自由さが心地よい。

Hills Breakfast【朝のセレンディピティ】

六本木ヒルズを運営する森ビルとボランティアメンバーが主催する朝のトークイベント。月1回開催で、毎回4～5人のスピーカーが登壇する。平日朝8時からでも毎回100人以上集まる不思議な魅力がある。

6curry【カレーのセレンディピティ】

カレーをきっかけに、いろんな人や活動が「ＭＩＸ」するコミュニティ。会員制飲食店、ワークショップ、コミュニティ運営、企業コラボレーションなど自由な発想で活動している。私も会員です。

渋谷のんべい横丁【飲み屋のセレンディピティ】

常に変化する街・渋谷の中で唯一、昭和レトロが色濃く残る飲み屋街。どのお店もカウンター周りは5～6席という規模で馴染みやすい。渋谷という土地柄、集まる人も老若男女、国籍バラバラで面白い。

WeWork【オフィスのセレンディピティ】

全国に拠点があるシェアオフィス。「コミュニティ型ワークスペース」がコンセプトで「ラウンジでコーヒーを飲みながら、顔見知りになった人との会話がきっかけで新しいビジネスが生まれる」的な出会いがある。

六本木クリーンアップ【掃除のセレンディピティ】

六本木ヒルズ自治会が主催する町内清掃活動。近隣の住民、ショップの店員さん、学校関係の方々など、幅広いメンバーが参加している。六本木ヒルズというアッパーな響きとはかけ離れた温かい雰囲気のコミュニティ。

コワーキングスナック【スナックのセレンディピティ】

電源やWi-Fi完備でデスクワークもできるスナック。コミュニケーション好きなママがほどよく相手もしてくれる。行けるなら平日の昼に覗いてみるのがお客さんの数もほどほどなのでオススメ。

PAVILION【食のセレンディピティ】

LOVEとARTがテーマの中目黒のレストラン。Soup Stock Tokyoなどで有名なスマイルズが運営。「LOVE活」などの出逢いイベントをはじめ、食や交流をテーマにしたイベントなどもよく開催される。

bosyu【募集のセレンディピティ】

多種多様な「募集」が簡単につくれて探せるサービス。ほんのちょっとした仕事の依頼から、ただの雑談相手募集まで興味深いトピックが集まる。SNSと紐付いているので信頼が測りやすい。

HITOKOMA【「好き」のセレンディピティ】

お客さんが自分の好きなものを紙に書いて、それを肴《さかな》にその場の人たちで会話を楽しむ「LikeBar」という企画が人気のコミュニティ。毎回新しいメンバーも多く、一見さんでも入りやすい雰囲気づくりがいい。

LIFE IS ROSE【バラのセレンディピティ】

バラへの興味で多様な人が集まるコミュニティ。バラを街中で配る「Rose Walk」、バラとお酒を愛でる「Rose Bar」など、バラを題材にしたイベントや企画をしている。意外に男性も多い。私も理事でお手伝い。

WhyKumano【旅のセレンディピティ】

熊野古道の近くにある人気のゲストハウス。コロナ禍に負けずに「オンライン宿泊」というコンセプトをつくり全国的に人気となった。世界中から集まった旅人にバーチャルながらも臨場感のあるゲストハウス体験を提供する。

文喫【本のセレンディピティ】

日本初の「入場料がある本屋さん」。時間制限なしで1日中利用できるシステムで、土日は入場制限するほどの人気。飲食もでき、本をきっかけにした偶然の出会いがあるかも。私も定期会員で利用しています。

ZOOM学園【学びのセレンディピティ】

私自身が仲間と運営しているオンラインの学園生活コミュニティ。コロナ禍をきっかけに始まり、世界中10カ国以上から会員が集まる。外国語を中心に、勉強というよりも新しいものに楽しく触れることを目的にしている。

まだまだ紹介したいセレンディピティ・スポットはたくさんありますが、限りのある紙面ですのでこれらくらいにしておきます。みなさんも素敵なスポットやコミュニティがあればぜひ教えてください。実際に体験しに行きたいと思います。

#人見知りでもセレンディピティ

でご自身の経験やチャレンジなども投稿してもらえれば嬉しいですし、SNS上でも交流しましょう。

また、巻末に本書のまとめとして「セレンディピティを呼び込むチェックリスト20」を用意しました。日々の生活でどんなことに気を配ればセレンディピティ率が上がるのか、早見表としてご活用いただければと思います。

最後になりましたが、この本を書き終えることができたのもいくつものセレンディピティのおかげでした。

「ヒルズブ!」でなんとなく知り合い、ゆるゆるとやりとりをしていたらいつの間にか

『48手ヨガ』という謎のベストセラーを出された鈴木まりさん。その編集をされていた杉山さんとのご縁で今回、出版の機会をいただきました。

本のテーマがぶれていた時に「セレンディピティ」という言葉に立ち戻れたのは、旅のセレンディピティの実証実験を一緒にさせていただいたANAホールディングスの大下眞央さん、いつも素敵なご縁をくださるリクルートの小宮山利恵子さん、様々な事業や実験を共にしてくれている中野崇さん、そしてそのような新しい出会いを応援してくれる妻……とすべてはいろんなたまたまの人の縁のおかげです。ここですべての方を挙げることができないのが悔やまれますが、本当にありがとうございます。

ちなみに、この本はかなり実践的な内容にしたつもりですが、最後に少しだけ精神論も付け加えさせてください。色々なノウハウを改めて見返す中で、超一言にまとめるならば「自分を白紙にする（※そこに何でも自由に描けるようなイメージで）」ことでセレンディピティが増えていくのだと思っています。

先入観や偏見をなくして色々な誘いに乗ってみる、人から何かを得ようと期待するのではなく「ゆるさ」をもってただ人の話をしっかり聴いてあげる。そんな一見小さなことを地道に続けているだけで、ふと気づいた時には数年前の自分とは全く違う人間になっているはずです。

100年に一度レベルの災害や混乱が毎年のように起こっていると言われる昨今です。傷ついた方、心を病まれている方も多いかと思います。

けれども、たとえ予想できない世の中だとしても、自分の予想を超える素敵な出会いで何かしらの糸口が見つかっていくと信じています。

みなさんの人生に素敵なセレンディピティがひとつでも多く訪れますように。

2020年9月　林勝明

〈参考文献〉

・Dennis R. Proffitt (2008) Social Support and the Perception of Geographical Slant
・Mark Granovetter (1983) The Strength of Weak Ties
・Zajonc, Robert (1968) Attitudinal effects of mere exposure
・Heller, Aaron (2020) Association between real-world experiential diversity and positive affect relates to hippocampal–striatal functional connectivity
・岩本武範『なぜ僕は、4人以上の場になると途端に会話が苦手になるのか』(2017) サンマーク出版
・ステファン・W・ポージェス『ポリヴェーガル理論入門　心身に変革をおこす「安全」と「絆」』(2018) 春秋社
・フィリップ・ジンバルド『シャイネス第1・2部』(1982) 勁草書房
・マーシャル・B・ローゼンバーグ『NVC　人と人との関係にいのちを吹き込む法』(2012) 日本経済新聞出版
・鈴木祐『最高の体調　進化医学のアプローチで、過去最高のコンディションを実現する方法』(2018) クロスメディア・パブリッシング

セレンディピティを呼び込むチェックリスト20

No.	難易度	チェックリスト	一言メモ	掲載ページ
1	★	知らない道を散歩してみる	日常でも旅スイッチが入って気づきが増える。	78
2	★	アイスブレイクの第一声は「事実ベース」でまず一言	「昨日の晩ご飯」「出身地」などで最初のきっかけをつくる一言を。	48
3	★	人間は「人見知りが8割」と意識する	「どうせ相手も人見知りなのだから自分から話しかけてみるか」という心持ちで。	42
4	★★	ヒマでなくても「ヒマです」と言ってみる	これだけで予想を超えたお誘いがやってくる。	98
5	★★	人の誘いに乗るルールを決める	「あなたの名前がない」「人数制限がない」「会費の根拠がない」に注意。	107
6	★★	家と職場の往復だけでなく「寄り道」を意識する	本屋、バー、カフェ、スポーツジムなど、寄り道したほうが幸福度は高くなる。	34
7	★★	安全を感じられる「しばり」を見つける	同じ趣味、目的地が同じ、会員制〇〇など「しばり（お互いの共通項）」を見つける。	53
8	★★	相手の会社名や肩書きから入らない	肩書きなどの「先入観」が気づきの邪魔をする。仕事以外での名刺交換は後回し。	81
9	★★	何か運営側のお手伝いをしてみる	新しい場に馴染むには運営側のお手伝いをするのが近道。スタッフに話しかけるだけでも◎。	121

10	★★	少しでも気に入った場にはもう一度行く	会う回数が増えるだけでもお互い安心が生まれる。	126
11	★★	よいと思ったものは言葉に出して共有してみる	自分のオススメを人に話してみる。友達を連れて行く。自分よりも知人同士に仲良くなってもらう。	131
12	★★★	気乗りのしない誘いにあえて乗ってみる	気乗りがしないというのは、今の自分にはないけれど潜在的に欲しているものの可能性が高い。実はすごくハマる体験につながることが多い。	118
13	★★★	定期的に何かに参加して「出会いを自動化」する	毎週、毎月開かれるようなサークルやコミュニティに参加してみると「出会いの頻度」が跳ね上がる。	65
14	★★★	仲間と一緒に「キャラ割り」してみる	役割に応じて「部長」「ママ」「食べログ」的な名前をつけると関係性が発展する。	138
15	★★★	プチ主催者になってみる	2人でラーメン部を始めるだけでも意義がある。主催者になると意識も周りの反応も変わる。	149
16	★★★	何にでもゆるさをちょい足ししてみる	目的以外の余白があればあるほどセレンディピティが起きる。一見ゆるくないところに追加するほど効果あり。	74
17	★★★★	SNSでゆるく募集してみる	SNSは自己主張の場でなく仲間集めのツールとして使う。	158
18	★★★★	出会いの頻度の目標は「年間100時間」	週に直すと「週1回、2時間」。幸福度を感じる目安はこれぐらいがちょうどよい。	68
19	★★★★★	マンネリしたら3つの「ま」を試してみる	3つの「ま」とは「まかせる、まとまる、まじる」。	166
20	★★★★★	今までになかったコミュニティをつくってみる	自分のプチ不満にこそセレンディピティの種がある。新しいコミュニティづくりにトライ。	172

林 勝明　Katsuaki Hayashi
セレンディピティコンサルタント・ZAS株式会社代表

Facebook

1981年生まれ。サンフランシスコ州立大学、慶應義塾大学大学院SFC卒。2007年、Googleに入社し、大手企業との事業提携や新規事業の立ち上げに数多く携わる。六本木ヒルズの大人の部活動「ヒルズブ！」創設メンバー。2018年、Googleを退職し、ZAS株式会社を起業。「セレンディピティ（＝偶然の素敵なつながり）で人生を豊かに」をテーマに企業コンサルティング、コミュニティの企画・運営などの事業を展開中。年間100以上の企画やサポートを行いつつ、立ち上げたコミュニティ活動から多くの仕事や恋愛の縁が生まれ、時に「歩く縁結び神社」と呼ばれる。趣味のサルサダンスでは世界大会に出場、英語と韓国語のトリリンガルでもある。一般社団法人 LIFE IS ROSE 理事。ダンスコミュニティ Roppongi Dance Lab. 主宰。

人見知りでもセレンディピティ
身近な奇跡が爆増する20のルール

2020 年 9 月 26 日　第1刷発行

著　者　　林勝明

発行者　　大山邦興
発行所　　株式会社飛鳥新社
〒 101-0003
東京都千代田区一ツ橋 2-4-3　光文恒産ビル
電話　（営業）03-3263-7770　（編集）03-3263-7773
http://www.asukashinsha.co.jp

装　丁　　MIYAKO
DTP　　オフィスアント
イラスト　　YAGI
校　正　　麦秋アートセンター

印刷・製本　　中央精版印刷株式会社

ISBN 978-4-86410-789-1

編集担当　杉山茂勲